Bertold Ulsamer

Inneren Frieden finden mit den Eltern

Bertold Ulsamer

Inneren Frieden finden mit den Eltern

7 Schritte zur Versöhnung

Mit CD

Kösel

MIX
Aus verantwortungs-
vollen Quellen
FSC® C005833

Verlagsgruppe Random House FSC® N001967
Das für dieses Buch verwendete FSC®-zertifizierte Papier
Hello Fat Matt liefert OSPAP.

Umschlag: Monika Neuser, München
Umschlagmotiv: fotolia / ninice64
Lektorat: Silke Uhlemann, München
Layout, Satz und Herstellung: Madelaine van Lier, München
Druck und Bindung: Těšínská tiskárna, Český Těšin
Printed in Czech Republic
ISBN 978-3-466-30997-9

Weitere Informationen zu diesem Buch und unserem gesamten
lieferbaren Programm finden Sie unter www.koesel.de

Inhalt

Einleitung 7

Warum Eltern so wichtig sind 8

Wann ist jemand in Frieden mit seinen Eltern? 9

Mein persönlicher Hintergrund 13

Grundsätzliches 15

Spannungen zwischen Eltern und Kindern sind Teil der menschlichen Entwicklung 16

Lieben wirklich *alle* Eltern ihre Kinder? 18

Alle Kinder lieben ihre Eltern 24

Müssen die Eltern sich ändern, damit ein Kind inneren Frieden finden kann? 27

Wie wir den eigenen Kindern gute Eltern sind 29

Die 7 Schritte 31

Schritt 1: Ich stehe zu meinen Verletzungen 33

Schritt 2: Ich entdecke mehr von meiner Ähnlichkeit mit Vater und Mutter 39

Schritt 3: Ich schaue mit dem Blick des Erwachsenen auf Mutter und Vater 45

Schritt 4: Ich erkenne, dass mangelnde Liebe nichts mit mir persönlich zu tun hat 48

Schritt 5: Ich achte meine Mutter und meinen Vater 54
Schritt 6: Ich bin dankbar für das, was ich von Vater
und Mutter erhalten habe 59
Schritt 7: Ich danke Mutter und Vater für das Leben 62
Die 7 Schritte zusammengefasst 68

Hindernisse auf dem Weg zur Liebe beiseiteräumen 71
Sich aus den Spannungen zwischen Vater und Mutter zurückziehen 72
Verstrickungen mit Vorfahren in der Familie auflösen 77
Erleiden extremer Verletzungen durch die Eltern:
Wie Eltern ihr Recht verspielen 81

Die Liebe des erwachsenen Kindes 87
Wie gehe ich mit den neuen Einsichten um? 88
Wenn die Eltern alt werden 90

Anhang 91
Literaturverzeichnis 91
Literaturempfehlungen 92
Weitere Empfehlungen 94
Der Autor 95

Einleitung

Wenn Sie, liebe Leserin, lieber Leser, zu diesem kleinen Buch greifen, dann wahrscheinlich deshalb, weil Sie noch nicht ganz in Frieden mit Ihren Eltern sind. Ich wünsche Ihnen, dass Sie die Lektüre dieses kleinen Buchs und die Anregungen auf der CD auf der Suche nach Versöhnung unterstützen!

Warum Eltern so wichtig sind

In meiner Arbeit habe ich eine interessante Beobachtung gemacht: Jeder von uns hat eine bestimmte Grundeinstellung zum Leben. Vielleicht kann er sie nicht einmal formulieren, weil sie so in Fleisch und Blut übergegangen ist. Manche Menschen strengen sich enorm an, weil sie das Leben als so fordernd empfinden. Andere sind gierig und wollen mehr und immer noch mehr vom Leben. Wieder andere haben unentwegt Ansprüche an das Leben und klagen diese ein. Manche sind frustriert und enttäuscht, weil das Leben ihre Wünsche und Träume nicht erfüllt. Schließlich gibt es Menschen, die dankbar gegenüber dem Leben sind, weil sie sich von ihm getragen fühlen.

Meist entspricht die Einstellung gegenüber dem Leben der grundlegenden Einstellung gegenüber den eigenen Eltern. Wer sich im Leben anstrengt, hat sich früher als Kind für seine Eltern anstrengen müssen. Wer gierig ist, hat das Gefühl, nicht genug als Kind bekommen zu haben. Frustriert vom Leben ist jemand, weil er von seinen Eltern enttäuscht ist. Und wer dankbar ist gegenüber dem Leben, wird auch dankbar gegenüber seinen Eltern sein.

Deswegen gibt es einen einfachen – wenn auch nicht immer leicht zu gehenden! – Weg, um zu einer positiveren Lebenseinstellung zu kommen: Ändern Sie Ihre Haltung gegenüber Ihren Eltern! Denn Eltern sind aus dem einen Grund wichtig: Ohne unsere Eltern gäbe es uns nicht! Das Leben ist durch sie zu uns gekommen. Sie sind unser Tor zum Leben.

Wann ist jemand in Frieden mit seinen Eltern?

Da mag jemand schon lang aus dem Elternhaus ausgezogen sein, eigene Kinder haben und sich scheinbar ganz und gar abgenabelt zu haben. Und doch tauchen schnell Spannungen auf, wenn er oder sie die Eltern besucht, mit ihnen länger telefoniert oder auch nur an sie denkt.

Eltern können unheimlich nerven. Da reichen dann ein entsprechender Seitenblick, ein kleines Wort oder auch nur ein bestimmter Tonfall, damit das (schon längst erwachsene!) Kind beinahe ausrastet und sich nur mühsam beherrscht. Außenstehende wundern sich über die heftigen Reaktionen, denn von außen betrachtet wirkt die Szene harmlos. Aber dieser plötzliche Ärger hat meist eine lange Geschichte, die bis in die Kindheit zurückreicht. Deshalb genügt ein kleiner Auslöser – und schon fällt jemand wieder Jahrzehnte zurück.

Wenn sich ein Mensch mit seinen Eltern versöhnt, durchläuft er bestimmte Entwicklungsstufen. Je älter jemand ist, desto weiter mag er auf dem Weg, sich in einer guten Weise abzulösen, schon gegangen sein.

Auf der ersten Stufe dieses Entwicklungsprozesses steht das brave und angepasste Kind, sozusagen das Musterkind, auf das die Eltern stolz waren oder sind und um das sie andere Eltern beneiden:

»Was haben Sie für ein Glück mit Ihrem Kind! Wenn ich dagegen meines anschaue!«

So ein Kind weiß sich von seinen Eltern geschätzt und geliebt. Gleichzeitig bezahlt es einen hohen Preis für diese Liebe und Anerkennung. Denn es verzichtet auf alle Wünsche und Impulse, die den Eltern nicht gefallen könnten. (Und jedes Kind hat solche Neigungen und Sehnsüchte.) In der Tiefe entwickelt es deshalb einen Groll gegenüber seinen Eltern. Es wird ja nicht als reale Person mit seinen Mängeln und Schwächen geliebt, sondern nur als das Bild, das sich die Eltern von ihm machen.

Auf der nächsten Stufe erlebt jemand den Unfrieden offen, weil er oder sie* in ständigem Konflikt mit den Eltern steht. Dieses Kind lehnt die Werte, die Art der Lebensführung, die Ideen, die gedankliche Welt der Eltern, ihre Ansprüche und Forderungen scharf ab. Es zeigt den eigenen Ärger, rebelliert und widersetzt sich ihren Ansprüchen. Bisweilen führt das zu endlosen, sich immer wiederholenden Auseinandersetzungen, fast wie ein ritueller Schlagabtausch. Im Grund ist der Streit unfruchtbar, aber er geschieht wie unter einem inneren Zwang.

Auf der nächsten Stufe wird der Kontakt abgebrochen. Das kann äußerlich oder innerlich geschehen. Was zu viel ist, ist zu viel! Man ist der alten Auseinandersetzungen müde, ein Stück weit resigniert und erkennt die Sinn-

---

* Aus Gründen der Lesefreundlichkeit verzichte ich zukünftig auf die explizite Nennung der weiblichen Form. Es versteht sich von selbst, dass sich Frauen wie Männer gleichermaßen angesprochen fühlen sollen.

losigkeit. Und nun ist es heilsam, ja eine Befreiung, aus den alten Kämpfen auszusteigen. Ein großes Schweigen breitet sich aus. Einfach Abstand nehmen, um zur Ruhe zu kommen! Es mag schmerzhaft sein, aber es ist notwendig für den eigenen Seelenfrieden.

Auf der nächsten Stufe hat das Kind wieder eine gute Form des Umgangs mit den Eltern gefunden. Manches, woran man sich früher gerieben hat, wird jetzt toleriert. Die Resignation, dass die Eltern sich ja doch nicht mehr ändern werden, puffert alten Ärger ab. Etwas von der ursprünglichen Liebe darf sich wieder zeigen. Trotzdem mögen sich noch manche unerfüllte Wünsche im Inneren verstecken. Da mag noch die alte Sehnsucht sein, etwas Bestimmtes von den Eltern zu hören. Vielleicht etwas in der Art wie: »Du bist schon richtig.« Oder: »Ich bin stolz auf dich.« Oder auch: »Ich habe früher Fehler gemacht. Entschuldigung.« Es kann auch nur der Gedanke sein: Wenn Vater oder Mutter doch einmal wirklich offen und herzlich sein könnten!

Auf der letzten Stufe des Versöhnungsprozesses ist jemand ganz in Frieden mit den Eltern. Die Eltern dürfen so bleiben, wie sie waren oder sind. Das Kind liebt genau diese Eltern, die es als Kind schon hatte und die es immer noch hat. Mit allem, was dazugehört.

Nicht alle Menschen sind bei beiden Eltern aufgewachsen. Von diesem »Normalfall« gibt es viele Ausnahmen. Vielleicht wächst ein Kind nur bei einem Elternteil auf, weil der andere gestorben ist oder weil die Eltern sich getrennt haben. Oder jemand ist von der Mutter gleich nach der Geburt zur Adoption freigegeben worden. Schließlich tauchen im Zeitalter der Reproduktionsmedizin ganz neue Varianten auf. Was ist, wenn jemand von einem anonymen Samenspender gezeugt worden ist?

Wenn Sie als Leserin oder Leser sich außerhalb des »Normalfalls« finden, lade ich Sie ein, bei der folgenden Lektüre das aufzunehmen, was für Sie passt, und das andere einfach zu überlesen. Die Übungen auf der CD sind auf die ursprüngliche Beziehung zu den Eltern abgestellt, unabhängig von den persönlichen Familienverhältnissen.

Mein persönlicher Hintergrund

Ich bin in einer gutbürgerlichen christlichen Familie mit fünf Geschwistern aufgewachsen, wobei ich das zweite Kind und der erwünschte erste Sohn war. Eigentlich die ideale heile Welt! Trotzdem fühlte ich mich als Kind oft als Außenseiter, sei es in meiner Familie oder auch in der Schule. Erst als ich schon erwachsen war, nahm ich den tiefen Riss im Verhältnis zu meinem Vater wahr. Obwohl oberflächlich alles stimmte, spürte ich in der Tiefe fast keine Beziehung zu ihm.

Sehr viel später wurde mir klar, dass das mit den Kriegserfahrungen meines Vaters zu tun hatte und damit, dass sein eigener Vater sich erhängt hatte, als er selbst 14 Jahre alt war – ein Thema, das in meiner Familie ein Tabu war.

Zu meinen Studienzeiten tauchten viele neue Therapieformen auf: Gestalttherapie, Primärtherapie, Bioenergetik usw. Alles, bei dem es um den Ausdruck von Gefühlen ging, zog mich an und ich nahm an einer Fülle von Therapiegruppen teil, schlug auf Kissen und schrie Schmerz und Ärger heraus.

Erst viel später begegnete ich den Familienaufstellungen, so wie sie Bert Hellinger entwickelt hatte. Plötzlich wurde mir klar, dass ich das Thema Familie in all meinen Auseinandersetzungen mit mir selbst immer vermieden hatte. In einer Familienaufstellung erfuhr ich am eigenen Leib, dass ich das Verhältnis mit meinem inzwischen schon verstorbenen Vater verbessern konnte, und auch, wie wichtig der vergessene Großvater für mich war. Allmählich gelang es mir, Verbindung zu meinem Vater aufzunehmen, und ich fand meine so lang verschüttete Zuneigung und Liebe zu ihm wieder.

Obwohl ich mich immer wieder mit diesen Themen beschäftige, tauchten während der Arbeit an diesem Buch erneut Teile meiner Kindheit und meine verstorbenen Eltern vor meinem inneren Auge auf. Mir wurde klar, dass ich es nicht nur für Sie, meine Leserinnen und Leser, geschrieben habe, sondern auch für mich.

Grundsätzliches

Bevor ich Ihnen die 7 konkreten Schritte der Versöhnung vorstelle, ist es gut, wenn Sie einen Schritt von der persönlichen Beziehung zu Ihren Eltern zurücktreten und aus einem größeren Abstand auf das Thema Kinder – Eltern schauen. Keiner von uns ist mit seinen Schwierigkeiten in diesem Bereich allein und isoliert. Es sind allgemeine Themen, die wir mit vielen anderen Menschen teilen.

Mit Ihnen ist – wie mit jedem Kind – etwas Neues, etwas bisher nie Dagewesenes in die Welt gekommen. Das Neue gerät automatisch in Spannung mit dem Alten, mit dem, was früher und bisher gewesen war. Die Konflikte, die Sie mit Ihren Eltern haben, sind auf der einen Seite persönlicher Natur, aber auf der anderen Seite verursacht durch das Leben, das sich – in Ihnen! – fortentwickelt.

Spannungen zwischen Eltern und Kindern sind Teil der menschlichen Entwicklung

Spannungen zwischen Eltern und Kindern und Kindern und Eltern sind ein Teil eines Grundthemas, das sich durch die menschliche Kultur zieht. Das Leben entwickelt nicht nur Pflanzen und Tiere weiter, sondern auch den Menschen. Jede neue Generation ist ein Teil der ganzen Evolution. Warum sollte ausgerechnet der Mensch – ein Lebewesen wie alle anderen – von dieser Entwicklung ausgenommen sein?!

In manchen menschlichen Gesellschaften und Zeitaltern blieben die Veränderungen fast unsichtbar, so als ob es zu einem Stillstand gekommen wäre. Dann wieder – und das ist heute der Fall – geschieht die Entwicklung in rasantem Tempo, in großen Sprüngen, ja überschlägt sich förmlich. Dann werden die Unterschiede und Spannungen zwischen Jung und Alt besonders deutlich.

Die Kinder bringen etwas Neues und Frisches in die Welt. Die Älteren beharren auf dem, was sie von ihren Eltern übernommen und als junge Menschen dazugewonnen haben. Das führt zu Spannungen und Schwierigkeiten zwischen den Generationen, aber auch zu inneren Spannungen in jedem Einzelnen.

Da mag ein Vater oder eine Mutter sich zerrissen fühlen zwischen den eigenen Ansprüchen und Normen auf der einen Seite und der Liebe zum Kind auf der anderen Seite. Und ein Kind quält sich, weil es doch auf der einen Seite die Eltern liebt und ihnen deshalb folgen möchte, sich aber auf der anderen Seite von der eigenen Lebenskraft in neue Richtungen gezogen fühlt.

Aber darunter gibt es eine große Gemeinsamkeit, die ich zum Auftakt hier als Behauptung aufstelle:

- Alle Eltern lieben ihre Kinder.
- Alle Kinder lieben ihre Eltern.

Vielleicht kommen Ihnen diese Sätze kühn vor. Für Ihre eigene Familie mögen Sie das vielleicht nicht (ganz) ausschließen. Aber es gibt doch eine Unzahl von Beispielen, in denen das nicht zutrifft?

Lieben wirklich *alle* Eltern ihre Kinder?

In meiner Arbeit mache ich mich oft, jedes Mal aufs Neue, auf die Suche nach der Liebe zwischen Eltern und Kindern. Da kommt ein 40 oder 50 Jahre alter Erwachsener in ein Seminar, weil er sich völlig abgeschnitten fühlt von der Liebe zu seinen Eltern. Vielleicht ist er noch wütend, weil er so schwer verletzt wurde, vielleicht ist auch nur eine große Kälte und Abneigung da. Dennoch wohnt noch in irgendeinem Winkel seines Herzens die Hoffnung auf Liebe – sonst wäre er nicht gekommen.

Nach der Liebe suchen ist für mich wie nach Wasser in der Wüste graben. Viele Familien wirken wie endlose Wüsten. Da weht kein Windhauch und es gibt keinen Tropfen Feuchtigkeit. Leben scheint angesichts des unerträglichen Klimas unmöglich.

In einer solchen Wüste graben wir nach Wasser. Und wir finden es! Manchmal schon in einem Meter Tiefe, manchmal nach 20 Metern, manchmal auch nach 100 Metern. Manchmal werden wir selbst in 1.000 Metern Tiefe noch nicht fündig und wir brauchen eine Pause. Nach einer Erholung graben wir tiefer. Irgendwann stoßen wir auf Wasser.

Das sprudelt dann in dem Bohrloch nach oben und fängt an, den trockenen Sand zu befeuchten. Plötzlich geschieht ein kleines Wunder! Schon vorher hatten da unscheinbare trockene Samenkörner existiert, unauffällig und vergessen. Wenn das Wasser sprudelt, schlagen die Samenkörner aus, so als ob sie darauf gewartet hätten. Bald kommt das erste Grün, die ersten Blüten. Das Leben in seiner ganzen Fülle, Schönheit und Kraft fangen an, sich zu entfalten.

Wenn wir nur tief genug graben, finden wir in allen Familien diese Liebe. Denn in der Tiefe lieben alle Eltern ihre Kinder und wünschen ihnen das Beste.

Aber warum ist oft so wenig davon spürbar? Ist das nicht doch eine bloße Schutzbehauptung, damit jemand, der unglücklich mit Vater oder Mutter ist, wenigstens ein klein wenig Trost findet? Gut gemeint, aber weitab von jeder Realität?

Was daran stimmt: Die Liebe von den Eltern zu den Kindern ist manchmal tief verschüttet. Aus unterschiedlichen Gründen ist es für manche Eltern schwer, bisweilen unmöglich, die Kinder wirklich wahrzunehmen. Ihr Blick ist wie vernebelt. Sie sind mehr gefangen in ihrer eigenen Innenwelt als im Kontakt mit der Realität.

Das Maß an Liebe und Akzeptanz, das sie selbst von ihren Eltern während ihrer Kindheit erfahren haben, ist das Maß, das sie auf natürliche Weise selbst weitergeben können. Haben sie viel Liebe und Akzeptanz erfahren, dann fließen auch viel Liebe und Akzeptanz. War es dagegen sehr wenig, dann tröpfelt erst einmal nur ein dünnes Rinnsal. Wer in der eigenen Kindheit einen Mangel an Liebe erlebt hat, der gibt diesen Mangel oft ganz selbstverständlich weiter.

Hinzu kommen die jeweiligen Regeln und Erziehungsstile der Gesellschaft. Sie bilden vorgefertigte Schablonen, nach denen Kinder ausgerichtet werden.

Vor nicht allzu langer Zeit waren zum Beispiel Schläge ein selbstverständliches Erziehungsmittel für Kinder. Das war normal und galt als richtig. Eltern mochten sich sogar dazu gezwungen fühlen, ihr Kind zu schlagen, weil sie es ja liebten. Wenn schon in der Bibel steht: »Wen Gott liebt, den züchtigt er«! Da hatte ein Vater oder eine Mutter dann Schuldgefühle, weil ihnen ihr Kind leidtat, wenn sie es schlugen. »Ich bin zu weich. Aber wenn ich mein Kind wirklich liebe, muss ich es schlagen.«

Diese Vorstellungen waren vor zwei, drei Generationen noch die Norm – heute kommen sie uns uralt und grausam vor. Etwas, das ich hier »Menschlichkeit« nenne, entwickelt sich weiter und der Einzelne wird davon mitgenommen. Die meisten Eltern wollen es besser machen als die eigenen Eltern. Deswegen haben uns unsere Eltern auch anders erzogen, als ihre eigenen Eltern sie erzogen haben. Und wir erziehen unsere eigenen Kinder anders, als wir selbst erzogen worden sind.

Überschütten nicht viele der heutigen Elterngeneration die eigenen Kinder mit Liebe und Fürsorge? Päppeln und verwöhnen sie? Weil ihre größte Sorge ist, dass ihre Kinder es schlecht haben und leiden?

Was Kinder brauchen, sind Geborgenheit, Sicherheit und Halt. Wahrscheinlich ist das, was früher des Guten zu wenig war, jetzt des Guten zu viel.

Sodass auch die heutige Kindergeneration, so wie alle Kinder vor ihnen, ihr eigenes Päckchen an Kindheitslasten zu tragen und später als Erwachsene zu bewältigen hat.

Hinzu kommen Ereignisse aus der Vergangenheit, die die Fähigkeit der Eltern beeinträchtigen können, liebevoll zu sein und Liebe weiterzugeben.

Insbesondere Todesfälle entfalten eine große Wirkung im Gefüge einer Familie. Nicht dann, wenn jemand nach einem erfüllten Leben stirbt. Aber ein früher Tod kann eine Familie dauerhaft belasten. Da stirbt ein Elternteil, während das Kind noch klein ist. Ein solches Kind kapselt seine ganze Sehnsucht und Liebe, seine ganze Verzweiflung und seinen ganzen Schmerz ab. Wenn es dann erwachsen geworden ist und später als Vater oder Mutter selber Kinder hat, erinnern deren Bedürfnisse an die eigene alte Not. Dieser Vater, diese Mutter können wenig Liebe geben, weil sie zu schmerzhaft ist.

Neben den Todesfällen gibt es die Traumatisierungen durch Krieg, Flucht und Vertreibung. In solchen Zeiten ging es erst einmal nur ums Überleben. Alles Weiche und Zarte musste zurückgedrängt werden, weil kein Raum dafür da war. Die eigenen Kinder klopfen dann wieder an diese abgesperrten Türen an. Kinder sind zart und weich und sie suchen das Gleiche in Vater und Mutter. Aber wenn auf diese Weise traumatisierte Eltern das zuließen, käme auch der gleichzeitig verdrängte Schrecken wieder hoch. Deshalb lassen sie diese Türen versperrt und die Kinder erleben ihre Eltern als hart und lieblos.

Ähnlich ist es mit den Eltern, die als Kind durch ihre Eltern schlimm gequält wurden. Sie fallen dann manchmal zurück in diese Vergangenheit und werden selbst zu Tätern an ihrem Kind, das sie in diesem Moment nicht mehr wirklich sehen.

Doch alle diese Barrieren bilden nur eine Schicht, unter der eine ursprüngliche Liebe existiert. Der tiefste Grund der Liebe von Eltern zu Kindern ist der urmenschliche Drang – wie auch bei allen anderen Lebewesen –, sich fortzupflanzen. Im Kern ist dieser Drang etwas Schöpferisches. Kinder sind ein Geschenk des Lebens. Jeder Mensch empfindet tiefe Zuneigung für das eigene Kind, auch wenn sie manchmal durch persönliches Leiden überdeckt ist.

Die Liebe dem eigenen Kind gegenüber zu spüren, fällt auch deshalb manchmal schwer, weil uns das Kind so nahe ist. Ein Sohn oder eine Tochter ist dann wie ein Spiegel, der nicht unvoreingenommen betrachtet werden kann.

Großeltern haben mehr Abstand und zeigen gegenüber ihren Enkeln meist mehr von ihrer liebevollen Seite als früher gegenüber den eigenen Kindern. Die Eltern staunen dann nicht schlecht: »Was ist nur aus meinem strengen Vater, meiner strengen Mutter geworden!« Heute mag es vorkommen, dass Großeltern einen Gegenpol von positiver Autorität entwickeln, die ihren Enkelkindern guttut, wenn deren Eltern sie sehr verwöhnen. In der Liebe zum Enkel verbirgt sich auch die Liebe zum eigenen Kind.

Eine weitere Generation dazwischen sorgt also für den guten Abstand. Bei Urgroßeltern ist der Abstand noch größer. Der Blick ist ein Stück weit distanzierter, ja unpersönlicher. Aber gleichzeitig sind da ein großes Wohlwollen und eine Freude an dem neuen Leben. Selbst wenn das Verhältnis zum eigenen Kind schwierig oder schlimm war, entspannt es sich vielleicht mit Blick auf die Enkel- und Urenkelkinder. Schließlich ist es trotz allem gut weitergegangen.

Alle Kinder lieben ihre Eltern

Wie die ursprüngliche Liebe von Eltern zu Kindern existiert auch die ursprüngliche Liebe der Kinder zu den Eltern. Alle Kinder lieben ihre Eltern.

Am leichtesten nachvollziehbar ist die Liebe des Kleinkindes zu seiner Mutter. In ihrem Bauch ist das Kind vom Embryo zum lebensfähigen Baby gewachsen. Der Körper der Mutter hat das kleine Wesen in jeder Phase seiner Entwicklung genährt. Nie mehr wird die völlige Verbundenheit, eine solche Nähe zu einem Menschen möglich sein.

Das Wissen um diese Erfahrung steckt in unseren Zellen. Sie nährt die Sehnsucht, diese unendliche Geborgenheit wieder zu spüren und zu erfahren. In den Zeiten frischer Verliebtheit taucht eine Ahnung davon auf.

Das Baby und Kleinkind ist noch ganz auf die Fürsorge anderer Menschen angewiesen. Ohne diese Pflege hätte keiner von uns überlebt. Weil das Kind diese Liebe braucht, passt es sich an und tut alles, um sie nicht zu verlieren. Das ist aber nur die eine Seite. Es gibt eine andere Seite. Kinder lieben selbst mit einer enormen Kraft und Hingabe. Sie sind bereit, alles für ihre Familie zu geben. Zu Beginn des Lebens ist das Herz noch ganz offen und verbindet sich mit den anderen. Es fühlt mit – die Freude, aber auch das Leid und die Schmerzen.

Man stelle sich ein neugeborenes Kind vor, das in den ersten Lebenswochen in den Armen der Eltern liegt. Das Kind schwingt mit jedem Gefühl seines

Gegenübers mit. Ein Neugeborenes hat noch nicht die Schutzmauern errichtet, mit denen das Kind und der Heranwachsende sich später abgrenzen. Und ein Baby ist sehr liebevoll. So nimmt es alles auf, was es von seinen Eltern und seiner Umwelt her spürt.

Wer den Menschen, die ihn umgeben, gleich ist, wer wie sie fühlt, sich wie sie verhält, der ist ein Teil dieser Gemeinschaft. Es ist eine archaische Liebe, bei der das ganze Streben danach geht, dazuzugehören. Dieser Drang ist unbewusst und hat eine enorme Kraft. Wenn Mutter und Vater unglücklich sind, dann übernimmt das Kind bis zu einem gewissen Grad auch dieses Unglück.

Später legt sich dann durch die Enttäuschungen, die nicht ausbleiben können, eine Schutzschicht über die ursprüngliche rückhaltlose Zuneigung. Das Kind verschließt sich ein Stück weit. Darunter leben aber nach wie vor die ursprünglichen Gefühle weiter.

Kleine Kinder lieben Vater und Mutter mit bedingungsloser Liebe. Je verhärteter, je unglücklicher die Eltern sind, umso mehr schmerzt dieses Mitgefühl und die Verbundenheit mit ihnen. Auch deswegen ist es später leichter, zornig und vorwurfsvoll zu sein. Die Liebe, die sich dahinter verbirgt, in sich selbst zu entdecken und zu spüren, fällt nicht leicht und tut weh.

In Notsituationen tauchen diese versteckten Gefühle der Zusammengehörigkeit wieder auf, bei Eltern wie bei Kindern. Das können Unfälle und Krankheiten sein, aber auch Kriegsereignisse und Naturkatastrophen. Plötzlich bricht eine vorher nie gespürte Sorge und Zuneigung auf. Jeder tut alles, was nur in seinen Kräften steht, um den anderen zu helfen.

Manchmal überdecken Spannungen und alter Ärger dauerhaft das liebevolle Gefühl im Untergrund. Dann ist ein Kind völlig überrascht, wie tief es der Tod eines Elternteils trifft. Der Tod erschüttert die Mauern, die im Alltag aufgerichtet waren. Nicht nur die schlimmen Erinnerungen tauchen dann auf, sondern vor allem die vergessenen guten. Die Endgültigkeit des Todes macht bewusst, dass man es verpasst hat, der Zuneigung Ausdruck zu verleihen und die Verbundenheit im direkten Kontakt zu spüren. Jetzt ist es zu spät. Schade!

Müssen die Eltern sich ändern, damit ein Kind inneren Frieden finden kann?

Im Grunde gibt es nur zwei Möglichkeiten für inneren Frieden: die einst vermisste Liebe doch noch zu bekommen oder die eigene Liebe zu den Eltern wiederzuentdecken.

In der ersten Spielart geben und zeigen die Eltern dem Kind endlich die Liebe, die es sich immer ersehnt hat. Endlich in den Armen gehalten werden, sich ganz und gar geborgen und angenommen fühlen! Das sind der Traum und die Sehnsucht. Bisweilen mag das geschehen. Manchmal ändern sich Eltern auf ihre alten Tage und die Kinder profitieren im Nachhinein ein Stück davon.

In manchen Therapierichtungen werden solche Wünsche auch im Rollenspiel umgesetzt. Da schlüpft jemand in die Rolle des Vaters oder der Mutter und hält dann das Kind in den Armen oder flüstert ihm liebevolle Worte ins Ohr, die es immer schon hören wollte. Das Kind darf zulassen, klein, abhängig und bedürftig nach Liebe zu sein. Insbesondere in Aufstellungen können wir Elemente davon finden. Auch wenn jemand weiß, dass es nicht real ist – die wirkliche Mutter zum Beispiel ist schon lange tot –, nähren und wärmen solche Erfahrungen das Herz. Alte Wunden können heilen. Ein Teil des inneren Friedens kehrt ein. Jemand weiß, dass da nicht die reale Mutter ist – und trotzdem hat es eine gute Wirkung.

Aber ein solches Erleben allein genügt nicht. Ein anderer Schritt ist noch wichtiger. Bei diesem Schritt ändert sich das Kind: Es entdeckt und spürt wieder seine ursprüngliche Liebe. An der Oberfläche mögen Distanz und Kälte, Enttäuschung, Ärger und Schmerz vorherrschen. Doch darunter findet sich das ursprüngliche liebevolle Gefühl. Mit dieser Liebe ist das Kind nicht abhängig vom Verhalten oder der Reaktion der Eltern. Es darf die Eltern lieben – ganz gleich, wie sie waren oder sind. Jetzt wird das Herz auch wieder warm. Aber nicht, weil das Kind etwas bekommt, sondern weil es die eigene Liebe wahrnimmt und weitergibt.

Die eigenen Wunden werden wahrgenommen. Es geht nicht um die Heilung dieser Wunden. Manche mögen heilen, manche nicht. Es geht darum, Frieden mit der eigenen Geschichte und Vergangenheit zu schließen und sich als Erwachsener mit den Eltern zu versöhnen.

Wie wir den eigenen Kindern gute Eltern sind

Je mehr jemand das Verhältnis mit den eigenen Eltern heilt, desto klarer und eindeutiger kann er seine Rolle als Vater oder Mutter ausfüllen. Beide Entwicklungen gehen Hand in Hand.

Auch unsere Eltern wollten optimale Eltern sein – dennoch sind sie immer wieder dabei gescheitert –, ähnlich geht es uns auch als Eltern. Viele Eltern drängt es, das Beste für ihr Kind zu tun. Wir sehen überall, wie Eltern auf der ganzen Welt alles tun, jedes Opfer und jede Entbehrung auf sich nehmen, damit es ihre Kinder einmal besser haben.

Wer in Unfrieden mit den eigenen Eltern lebt, belastet auf einer tieferen Ebene auch das Verhältnis zum eigenen Kind. Eltern, die das wissen, mühen sich um eine Verbesserung. Sie sind bereit, sich mit der eigenen Familie und der Vergangenheit auseinanderzusetzen. Ihr Kind soll nicht darunter leiden! Deshalb beißen sie die Zähne zusammen und stellen sich den ungelösten Themen.

Denn je mehr jemand seine Liebe zu den eigenen Eltern spürt, desto weniger will und braucht er von seinen Kindern. Desto mehr kann er ihnen Halt, Sicherheit und Liebe geben!

Die 7 Schritte

Wenn Sie mit Ihren Eltern inneren Frieden finden wollen, bekommen Sie in diesem Buch und insbesondere auf der CD eine Fülle von Anstößen. Hier ist das für mich Wesentliche in der Beziehung von Kindern zu ihren Eltern versammelt.

Sich mit den Eltern zu versöhnen, ist kein einmaliger Willensakt. Es gelingt nicht, indem jemand das vorgegebene Material konzentriert durcharbeitet, um endlich das leidige Thema Eltern hinter sich zu lassen. Mir scheint es eher ein lebenslanger Weg zu sein, der immer weiter führen kann.

Mit den 7 Schritten sorgen Sie für Ihren eigenen Frieden. Sie setzen sich dabei innerlich mit den Eltern auseinander, um zu einem neuen Verständnis zu kommen. Das ist ein persönlicher Prozess, an dem sich Ihre Eltern nicht beteiligen. Sie machen das allein und brauchen Ihre Eltern nicht dazu.

Auch wenn die Eltern schon tot sind, lässt sich die innere Beziehung noch klären und verändern. Wunden heilen auch nachträglich. Das hat weniger mit konkreten Handlungen zu tun, sondern mehr mit neuen Blickwinkeln und Einstellungen. Aber natürlich ist es einfacher und unmittelbar bereichernd, wenn die Eltern noch leben. Diese gute Beziehung zu den Eltern ist nichts Feststehendes, sondern etwas, das sich immer weiter fortentwickeln lässt und nie aufhört.

Vielleicht wollen Sie die vorgeschlagenen Schritte in einer anderen Reihenfolge gehen. Tun Sie das! Es gibt keine richtige und falsche Reihenfolge. Fühlen Sie sich frei, gleich die CD zu hören oder auch erst einmal das Buch zu lesen und dann die Schritte praktisch umzusetzen.

Das Buch kann als Vorbereitung dienen, zur Nacharbeit oder zur Vertiefung. Manche Schritte habe ich ausführlicher erklärt, andere brauchen nur wenig theoretischen Hintergrund.

Das Hören der CD konfrontiert Sie auf eine ganz andere Art mit dem Thema als die bloße Lektüre. Gehen Sie die Schritte mit der CD ruhig mehrmals. Jedes neue Mal mag Ihnen andere Einsichten erschließen.

In meinen Seminaren leite ich immer wieder die Teilnehmerinnen und Teilnehmer genau mit den gleichen Worten und Inhalten an, wie Sie sie auf der CD hören werden.

Schritt 1: Ich stehe zu meinen Verletzungen

Im 16. und 17. Jahrhundert suchten die Alchemisten nach dem »Stein des Weisen«, nach dem Wundermittel, das Unedles in Gold oder Silber wandeln sollte. Wäre es nicht schön, wenn es ein Wundermittel gäbe, das einfach alle unsere negativen Gefühle in Liebe verwandelte?

Wir geben uns etwas Mühe, sind nett und gut – und dann lieben wir.

Doch der Weg zur Liebe führt durch das Negative mitten hindurch. Deswegen ist der erste Schritt auf dem Weg zur Versöhnung: die eigenen Wunden anerkennen. Natürlich können wir uns am Negativen vorbeimogeln, um uns liebevoll zu fühlen. Aber eine solche Liebe hat wenig Substanz, es ist mehr ein »honey over shit«, wie es die Amerikaner drastisch ausdrücken.

Da keine Eltern vollkommen sind – also auch die unseren nicht –, haben sie uns verwundet. Es gibt die offensichtlichen Fälle. Ein Ehepaar bekriegt sich, lässt sich schließlich scheiden und beide ziehen die Kinder in ihren Kampf hinein. Oder Eltern waren kaum oder gar nicht da für das Kind, weil das Geschäft, der Beruf oder die eigenen Interessen vorgingen. Da geben Eltern ein Kind zur Adoption frei. Oder ein Vater lässt die Mutter mit dem Kind im Stich.

Die Gründe können auch tragisch sein: Ein Kind stirbt und die Eltern kommen über ihre Trauer nicht hinweg, sodass sie das überlebende Kind kaum mehr wahrnehmen. Oder ein Kind ist behindert – die ganze Aufmerksamkeit der Eltern geht zu diesem Kind und alle anderen müssen zurückstehen. Ähnlich sind Erfahrungen, die erste Kinder machen, wenn kurz danach ein Geschwister kommt. Das Kind ist entthront – ohne zu begreifen, warum. Aus dem Himmel der Aufmerksamkeit ist es verstoßen in die Nebenrolle.

Neben solche eindeutigen Verletzungen treten Ereignisse im Alltag, die heftige Wunden schlagen. Fast jedes Kind erlebt in seiner frühen Kindheit eine Situation oder mehrere Situationen, infolge derer es beschließt, sein Herz in Zukunft zu verschließen, um nicht noch mehr verletzt zu werden. Es gibt Schlüsselerlebnisse, in denen ein Kind geschlagen, beschimpft, verraten oder beschämt wurde. Von außen mag das Ereignis nicht besonders schlimm gewirkt haben, aber innerlich war es ein Dolchstoß.

Aber ist denn nicht die Kindheit die glücklichste Zeit unseres Lebens? Papst Benedikt erzählt auf dem Weltfamilientreffen 2012 einem kleinen Mädchen: »Ich stelle mir vor, dass es im Paradies so sein wird, wie es in meiner Jugend war, meiner Kindheit. In dieser Umgebung des Vertrauens, der Freude und der Liebe waren wir glücklich.« Kinder sind offen. Deswegen erleben sie die glücklichen Momente schrankenlos. Aber genauso schrankenlos die unglücklichen! Sie werden dann später vergessen und verdrängt. Die selige Kinderzeit ist nur ein Mythos.

Die alten Wunden tragen wir noch mit uns herum. Vielleicht sind sie vernarbt. Aber wenn die Narbe berührt wird, kommt der dort vergrabene Schmerz wieder hoch.

Wenn das allen ähnlich geht – soll oder kann ich da den Eltern nicht einfach verzeihen? Heutzutage taucht das bisweilen als moralische Forderung auf. Als reifer Mensch solltest du deinen Eltern großmütig vergeben! Wenn das nur so einfach wäre! Eltern zu vergeben, ist extrem schwierig.

Ich habe Menschen erlebt, die auf der Suche nach der universellen, kosmischen Liebe in sich waren. Sie strebten nach der Liebe zum Leben auf der Erde, zu den Pflanzen, zu den Tieren und zu allen Menschen. Doch die Eltern wurden dabei oft ausgeklammert und vergessen. Es ist wohl leichter, die ganze Menschheit auf einmal zu lieben als die eigenen Eltern …

Vielleicht verstehen Sie auch Ihre Eltern. Sie sehen ein, dass Sie damals nicht anders handeln konnten. Damit glauben Sie, mit der Vergangenheit Frieden geschlossen zu haben.

Ich habe Bedenken: Verstehen Sie möglicherweise Ihre Eltern zu gut? Oder noch konkreter: Verstehen Sie sie zu schnell?

Es gibt ein Verstehen, das ich das »entschuldigende Verstehen« nenne. Nehmen wir ein dreijähriges Kind in der Trotzphase, dessen Mutter sich im Supermarkt gerade durch das Kind provoziert fühlt. Mit einer Riesenwut packt die Mutter das Kind an der Schulter, quetscht seinen Arm und zischt es mit todbösem Blick an: »Jetzt sei bloß endlich ruhig, sonst passiert noch etwas!« Das Kind schreit empört, weil der heftige Griff so wehtut. Der Druck verstärkt sich, der Blick der Mutter wird noch wütender. Plötzlich erschrickt das Kind und fängt an zu weinen.

Das war ein Schock für das Kind, es hat wirklich Angst bekommen. Und so sehr sich Eltern heute auch bemühen, eine solche subtile, versteckte Gewalttätigkeit zu vermeiden – Kinder haben die Fähigkeit, diese Eigenschaft aus ihren Eltern hervorzulocken.

Nach dem Verlassen des Supermarkts erklärt die inzwischen ruhigere Mutter dem immer noch weinenden Kind: »Jetzt wein doch nicht mehr. Es ist mir nur gerade passiert, weil ich so gestresst bin und weil du so widerborstig warst. Mama meint es gut mit dir, versteh das doch.« Sie möchte wieder Frieden schließen.

Das arme Kind ist nun doppelt gefordert. Zuerst einmal muss es den Schmerz beherrschen und sich beruhigen. Dann soll es jetzt auch die Mutter noch verstehen. Nehmen wir an, das Kind ringt sich zu dieser Art von Verständnis durch. »Ja, Mama, ich versteh dich, eigentlich meinst du es gut.« Ändert das etwas am ursprünglichen Schreck und Schmerz? Macht es irgendetwas ungeschehen? Hilft es dem Kind in irgendeiner Weise?

Nein, aber es hat die Wirkung, dass die Mutter sich jetzt wieder gut fühlen darf. Das Verständnis ist wie die Absolution, die die Mutter vom Schuldgefühl entlastet.

Das Verständnis für die Mutter wird so zur erstickenden Kuscheldecke, die den ursprünglichen ersten Impuls lähmt, ja verbietet. Kurz nach der Situation im Supermarkt erinnert sich das Kind daran und der Ärger und die Enttäuschung steigen wieder auf. Aber dann kommt das Stopp! »Ich muss die Mama doch verstehen, sie meint es ja gut mit mir.« Diese Gedanken lähmen und richten eine Nebelwand auf. Ärger und Enttäuschung verschwinden im Keller. Das Kind wird zu einem »Verbannten«, wie Schwartz in seiner Beschreibung diesen Persönlichkeitsanteil nennt.

Da gibt es also einmal den Anteil des ärgerlichen und erschrockenen Kindes. Darüber taucht dann der Teil des Kindes auf, der die Mutter versteht. Mit dem Verständnis wird die ursprüngliche Reaktion verdrängt und unterdrückt. Ja, es mag sich nun sogar schuldig fühlen, weil doch noch Ärger vorhanden ist. »Ich bin ein böses Kind, wenn ich auf die Mama, die es doch so gut mit mir meint, ärgerlich bin!«

Wenn Sie Ihre Eltern »entschuldigend verstehen«, dann laufen diese Dynamiken ab. Das ist gut für Ihre Eltern, weil es sie entlastet. Aber damit unterdrücken Sie den Teil in sich, der ein ganz ursprüngliches Recht auf Empörung hat. Diese Empörung ist eine große Kraftquelle, weil sie elementar mit frühen spontanen Gefühlen verbindet.

Finden Sie deshalb einmal den Mut, Ihre Eltern *nicht* zu verstehen! Fassen Sie sich stattdessen ein Herz und verstehen Sie mehr von dem verletzten Kind, das Sie einmal waren. Stehen Sie zu Ihren schlimmen Erfahrungen als Kind! Erlauben Sie sich Vorwürfe an die Eltern!

Stellen Sie sich vor, dass Sie als Kind ein absolutes Recht auf die beste Erziehung und Entfaltung, ein Recht auf die besten Eltern der Welt hatten! Spüren Sie dieses elementare Recht, das ganz tief in Ihnen vergraben ist.

Wenn Sie einmal total ungerecht sein wollten – welche Anklagen fallen Ihnen ein? Wagen Sie schonungslos Vorwürfe zu äußern über alles, was schiefgelaufen ist!

Ihre Sätze können beginnen mit »Es war falsch von dir, dass du damals …«, »Es hat mich verletzt, dass du damals …«. Oder auch »Ich werfe dir vor, dass du …«. Vielleicht sogar »Das war grausam, dass du …« Usw.

Riskieren Sie es, die Dinge beim Namen zu nennen. Vielleicht ist es schwierig, aber geben Sie nicht auf. Machen Sie einen ersten und zweiten und dritten Versuch.

Wenn Sie es einmal mit einem Vorwurf ausprobiert haben, dann spüren Sie nach, welche nächste innere Reaktion bei Ihnen kommt. Erschrecken Sie? Verletzen Sie damit ein Tabu? Fühlen Sie sich schuldig? All das sind die alten Barrieren zu Ihren ursprünglichen Gefühlen und zu Ihrer ursprünglichen Lebendigkeit.

Manchmal hilft es, einen Brief an Vater oder Mutter zu schreiben. Der Titel des Briefes lautet: »Was ich Dir noch nie gesagt habe.« Sie nehmen sich eine ruhige Stunde und schreiben einfach auf, was Sie noch von der Vergangenheit her belastet. »Lieber Papa, es steht noch zwischen uns, dass du damals …«

Es ist allerdings kein Brief, den Sie hinterher in den Briefkasten werfen und abschicken! Dieser Brief dient dazu, selbst mehr Klarheit zu gewinnen und Kräfte zu befreien, die Sie noch in der Vergangenheit festhalten.

Schritt 2: Ich entdecke mehr von meiner Ähnlichkeit mit Vater und Mutter

Unterschiede trennen. Ähnlichkeiten verbinden. Wo immer ich Ähnlichkeit mit anderen Menschen entdecke, entspannt sich etwas. Wo immer ich auf die Unterschiede achte, entsteht Abstand.

Gemeinsamkeiten und Unterschiede sind ein elementares Thema für Eltern und Kinder. Das Gefühl der Zusammengehörigkeit entsteht durch die Ähnlichkeiten. Kinder wollen von Anfang an dazugehören. Das gibt ihnen Sicherheit und Halt. Doch auf der anderen Seite ist jedes Kind von Anfang an eine einzigartige Persönlichkeit. Um dieses Eigene zu finden, muss es sich abgrenzen und sich als verschieden von den Eltern entdecken.

Diese zwei Tendenzen bilden ein Spannungsfeld, das den Einzelnen immer wieder in unterschiedliche Richtungen zieht. Zu Beginn des Lebens steht die Gemeinsamkeit im Vordergrund. Das Baby ist zu seinem Überleben auf die Gemeinsamkeit mit der Mutter angewiesen.

Die erste große Grenzziehung ist dann die Trotzphase. Zwischen dem zweiten und dem dritten Lebensjahr beginnt das Kind »Nein« als Schranke zu entdecken. »Nein« zu sagen, ist keine persönliche Entscheidung oder Leistung. Es ist manchmal eher ein quälender innerer Zwang, der das Kind aus seiner bisherigen Anhänglichkeit herauskatapultiert. Der eigene Wille will entdeckt werden und das Kind versucht ihn durchzusetzen. Mit allem, was es hat und kann: Weinen, Wutanfälle, Werfen von Gegenständen, Wehren mit Händen und Füßen, Wälzen auf dem Boden. Es ist ein fundamentaler Vorgang. Von den betroffenen Eltern sind dabei fast übermenschliche Qualitäten gefordert: eine richtige Mischung aus Verständnis, Fingerspitzengefühl, Führungsqualitäten und Durchsetzungsvermögen.

Nach dem Trotzalter kommt eine lange Phase der allmählichen Entdeckung von der immer größer werdenden eigenen Autonomie. Kinder gehen in den Kindergarten und die Schule, finden eigenständig Freunde, werden Teil einer Peergruppe und lösen sich so mehr von den Eltern.

Dann kommt der zweite gewaltige Umbruch: die Pubertät. Dank Testosteron und Östrogen verändern sich die Körper pubertierender Jungen und Mädchen und werden geschlechtsreif. Dabei geht es gleichzeitig darum, immer mehr die eigene Unabhängigkeit zu entdecken. Viele Familien erleben eine gewaltige Grenzziehung durch die Kinder, oft auch in Form der Revolte. Auf den Punkt bringt es die Beschreibung einer Fernsehsendung des WDR über Pubertierende: »Teenager in der Pubertät sind eine Spezies für sich: Sie sind zickig, launisch oder aufmüpfig. Eben noch Kinder, plötzlich aufsässige Halbwüchsige.« Für die Jugendlichen rücken das eigene Leben und die eigene Freiheit in den Vordergrund. Viele wollen sich ausprobieren und testen, indem sie Risiken eingehen, die die Eltern erschrecken.

Durch jedes Kind tritt eine neue Kraft ins Leben. Die Welt, so wie wir sie kennen, ist deshalb so modern und fortgeschritten, weil junge Menschen nicht alle Traditionen akzeptiert haben, sondern weiter gegangen sind als ihre Eltern und deren bisherigen Rahmen verlassen haben.

Deren Werte und Lebensführung werden infrage gestellt, kritisiert und beurteilt. Mit der Leidenschaft des Heranwachsenden wissen sie vieles besser und beurteilen von ihrem absoluten Standpunkt aus das Verhalten und Leben ihrer Eltern. Und dabei schneiden die Eltern oft schlecht ab. Voller Überzeugung heißt es vonseiten der Kinder: »So wie ihr mache ich das später mal auf keinen Fall!« »Ich mache es anders und besser als ihr!«

Das ist die passende Haltung in diesem Alter. Es ist eine Mischung aus Trotz und Überheblichkeit – den Lebensjahren angemessen. Diese Haltung scheint notwendig, damit der Jugendliche sich abgrenzt und eigenständiger wird. Gerade in der heutigen Zeit mit fortschreitender Entwicklung der Technik – dem Internet, den neuen Medien – und der Globalisierung kann er sich der Illusion hingeben, ganz und gar von vorne, ohne familiären Ballast neu zu beginnen.

Überraschen mag der Blickwinkel, dass oft auch die Rebellion eine Tradition der Familie ist. Auch der Vater oder die Mutter haben in ihren jungen Jahren rebelliert und sich vorgenommen, es ganz und gar anders zu machen als die eigenen Eltern. »Ich will nicht so sein wie mein Vater.« »Ich werde es ganz und gar anders machen als meine Mutter.« Gerade mit diesem Widerstand kann also auch die Ähnlichkeit zu Vater und Mutter gegeben sein. Es gehört sozusagen zur Familientradition, auf keinen Fall so wie die Eltern werden zu wollen. Und wenn die eigenen Eltern sich früher offen gegen die Normen der Gesellschaft aufgelehnt haben, dann besteht die moderne Variante des Andersseins im Gegenteil. Dann sind die Kinder plötzlich angepasst und vernünftig – eben ganz anders, als es die Eltern im gleichen Alter waren!

Eltern fühlen sich in diesen Zeiten nicht gesehen, verstanden und wertgeschätzt. Und sie haben recht damit. Aber für die Kinder ist es eine notwendige Phase in ihrer Entwicklung. Die große Grenzziehung in der Pubertät erlaubt es dem Kind, ohne Schuldgefühle die Eltern zu verlassen und ein eigenes Leben zu führen. Dann kann es zu einer eigenen Partnerschaft finden und vielleicht, irgendwann, werden selbst Kinder gezeugt oder empfangen.

So ist das Kind aus der völligen Verbindung im Mutterleib zur Grenzziehung und zum eigenen Leben gewachsen. Aber damit ist noch nicht das Ende erreicht. Irgendwann steht es an, die bislang ungesehenen Gemeinsamkeiten wiederzuentdecken.

Je mehr sich jemand dagegen gewehrt hat, seiner Familie, seinen Eltern ähnlich zu sein, desto ähnlicher ist er ihnen oft insgeheim geworden. Wenn eigene Kinder da sind, rückt diese Ähnlichkeit ins Bewusstsein. »Da wollte ich es besser machen als meine Mutter oder mein Vater. Und jetzt ertappe ich mich, dass ich genauso ausraste oder mit ähnlichen Erpressungsmethoden zu erziehen versuche!«

Wer keine Kinder hat, mag länger brauchen, bis er Ähnlichkeiten feststellt. Aber irgendwann in der Mitte des Lebens steht diese Frage an: »Was ist aus all meinen jugendlichen Vorsätzen und Ideen geworden? Bin ich wirklich so anders geworden als meine Mutter oder mein Vater?« Teilweise sicherlich ja. Aber in den wesentlichen Grundzügen und Grundmustern?

Antworten auf diese Fragen führen auf einer reiferen Ebene zu Verständnis. Kinder gleichen ihren Eltern oft viel mehr, als es ihnen bewusst ist. Das mag beim Aussehen anfangen, geht über bestimmte Verhaltensweisen bis hin zu wichtigen Persönlichkeitsmerkmalen.

Fragen Sie sich doch einmal selbst, welche Ähnlichkeiten Sie zu Ihrem Vater und Ihrer Mutter entdecken können. Nehmen Sie sich die Zeit und die Ruhe, wirklich genau hinzuschauen. Sie können auch andere Nahestehende fragen, vielleicht Partner oder Partnerin. Deren Blick ist unbefangener.

Darüber hinaus existiert eine weitere Ebene der Ähnlichkeit. In Kindern findet sich neben aller Abgrenzung eine tiefe Loyalität und Treue zu ihrer Familie. Kinder kommen auf die Welt und wollen zu ihrer Familie gehören. Es ist eine frühe und archaische Form der Liebe.

Man stelle sich ein neugeborenes Kind vor, das in den ersten Lebenswochen in den Armen der Eltern liegt. Das Kind ist noch ganz und gar offen und schwingt mit jedem Gefühl des Gegenübers mit. Ein Neugeborenes hat noch nicht die Schutzmauern errichtet, mit denen das Kind und der Heranwachsende sich später abgrenzen. Und ein Baby ist sehr liebevoll. So nimmt es alles auf, was es von seinen Eltern und seiner Umwelt her spürt. Wenn es den Menschen, die es umgeben, ähnlich ist, dann gehört es dazu.

Später legen sich Schutzschichten über die anfängliche rückhaltlose Zuneigung. Aber die Verbundenheit lebt im Untergrund weiter. Aus dieser ursprünglichen Liebe heraus trauen sich Kinder selten auf Dauer, glücklicher zu sein als ihre Eltern. Es ist so, als ob ein Kind untreu würde, wenn es den bisherigen Rahmen der Familie verlässt. Das zeigt sich in den Grundmustern der Beziehungen, die von außen her ganz anders ausschauen können, aber im Kern doch ein ähnliches Maß an Glück oder Unglück beinhalten. Das zeigt sich im Berufsleben durch ähnlichen Erfolg und Zufriedenheit, durch ähnlichen Frust und Stress. Ähnlichkeiten ziehen sich wie ein roter Faden durch das eigene Leben.

Machen diese Aussagen für Sie Sinn? Können Sie solche Gemeinsamkeiten entdecken? In solcher Ähnlichkeit zeigt sich eine tiefe Verbundenheit zu Ihren Eltern und zu Ihrer Familie.

Schritt 3: Ich schaue mit dem Blick des Erwachsenen auf Mutter und Vater

Wer wirklich erwachsen ist, nimmt die Eltern anders wahr als das Kind. Er schaut mit einem anderen, einem reiferen Blick.

Wenn ein Kind auf die Welt kommt, kennt es keinerlei Kriterien für die Einschätzung von Mutter und Vater. Es ist völlig seiner Familie und der Kultur dahinter ausgeliefert. Für das Kind spielt es keine Rolle, ob die Familie christlich-fundamentalistisch oder muslimisch-fundamentalistisch ist, ob seine Familienangehörigen Nazis oder Kommunisten, Sozialarbeiter oder Mafiosi sind. Es lernt die ersten Jahre seines Lebens die in der Familie herrschenden Regeln und passt sich ihnen an. Seine Gedanken und Gefühle werden durch die Familie geprägt.

Wenn das Kind älter wird und mehr von der Umwelt mitbekommt, findet es mehr Abstand. Nun fängt es an, die Eltern auch mit den Augen der anderen zu sehen. Langsam gewinnen die Urteile der Außenwelt Bedeutung. Es vergleicht. Sind die Eltern erfolgreich oder Außenseiter am Rande der Gesellschaft? Sind sie attraktiv und angesehen oder schaut man auf sie herab? Je nachdem, wie dieses Urteil ausfällt, wird ein Kind stolz auf seine Eltern sein oder es schämt sich für sie.

Aber auch das ist noch nicht der Blick des Erwachsenen. Der Blick des Erwachsenen, den ich meine, schaut auf die Eltern ohne Urteil. Er betrachtet ihr ganzes Leben, ohne zu bewerten. Der Blick ist neugierig und offen. Er wertet nicht einzelne glückliche oder fehlerhafte Entscheidungen, sondern schaut zu den tiefen Strömungen, die ihr Leben bestimmt haben.

Schon eine einfache Frage kann den Zugang eröffnen: Als Vater oder Mutter im gleichen Alter, wie Sie gerade jetzt waren – vorausgesetzt, sie haben in diesem Alter noch gelebt –, was für eine Art Leben hat er oder sie geführt? Wie war ihr Leben zu dieser Zeit? Zufrieden? Erfüllt? Schwierig?

Wenn Sie Ihren Vater oder Ihre Mutter als einen Menschen Ihres Alters, sozusagen als Kollegen oder Kollegin sehen, wie geht es Ihnen dann? Was empfinden Sie diesem Kollegen, dieser Kollegin gegenüber?

Das ist eine andere Haltung als die eines Richters. Wenn Kinder über ihre Eltern urteilen, stärkt das zwar das eigene Ego, aber es trägt nicht zum Verständnis und Frieden bei. Nehmen wir ein Kind, das das Verhalten seiner Eltern im Dritten Reich verurteilt. Es stellt sich mit seinem Urteil über die Eltern. Es tut damit so, als ob es anders gehandelt hätte. Woher will es das wissen? In seinem Schuldspruch versteckt sich eine kindliche Arroganz. Ihm mangelt es an Selbsterkenntnis – und an Demut. Mit dieser Haltung kann sich das Abgelehnte und Verurteilte auch in ihm breitmachen.

Wer die Kinderbrille absetzt, beginnt die Eltern als eigenständige Menschen zu sehen. Dann entdeckt er in ihren Augen all das, was sie in ihrem Leben mitgemacht haben. Auch sie hatten meist keine einfache Kindheit und Jugend. Sie haben viel erlebt und oft auch erlitten. In ihren Gesichtern haben Spannungen und Enttäuschungen ihre Spuren hinterlassen. Wer das sieht, kann zu einem neuen Bild seiner Eltern kommen – trotz und gerade mit all ihren Begrenzungen, Mängeln und Fehlern. Oft ist es dazu hilfreich, mehr von den Eltern, ihrer Kindheit und ihrem Leben zu wissen. Daraus erwächst dann ein neues Verständnis, das entspannt und befriedet.

Entdecken Sie mehr von dem Werdegang Ihrer Eltern, von dem, was sie leisten und bewältigen mussten.

- Wie sind Mutter und Vater aufgewachsen?
- Welche Art der Erziehung haben sie von den eigenen Eltern bekommen?
- Wie war ihr Leben als Jugendliche?
- Wie sind Vater und Mutter zusammengekommen?
- Welche Art von Beziehung haben sie miteinander geführt?
- Was waren die größten Schwierigkeiten in ihrer Beziehung?
- Was waren besondere Herausforderungen und Schwierigkeiten in ihrem Leben?
- Was war ihnen in der Erziehung der eigenen Kinder besonders wichtig? Warum?

Entwickeln Sie mehr Verständnis für das Leben Ihrer Eltern. Sie müssen das Leben und die Entscheidungen Ihrer Eltern nicht billigen – es genügt, wenn Sie sie respektieren.

Schritt 4: Ich erkenne, dass mangelnde Liebe nichts mit mir persönlich zu tun hat

Stellen wir uns ideale Eltern vor! Solche Eltern spüren ihre Liebe und Verantwortung und tun alles, um ihrem Kind, diesem kleinen hilflosen, aber gleichzeitig eigenständigen Wesen gerecht zu werden. Auf der einen Seite fördern sie voll Freude das, was neu und eigenständig ist. Auf der anderen Seite lehren sie es und vermitteln ihm alles Notwendige, um in der Gesellschaft ein nützliches und anerkanntes Mitglied zu werden.

Die meisten Eltern kennen Momente, in denen sie mit dieser fürsorglichen und liebevollen Seite ihres Wesens in Verbindung sind. Doch immer wieder entfernen sie sich weit von diesem Ideal. Denn Eltern können nicht perfekt sein, Perfektion liegt nicht in der menschlichen Natur.

Menschen sind fehlerhaft und haben Schwächen. Sie sind manchmal ungeduldig, manchmal verbohrt, manchmal eigensinnig, manchmal launisch, manchmal bösartig. (Und wahrscheinlich finden Sie noch eine Menge anderer Eigenschaften, die Sie persönlich kennen – und die Sie auch bei Ihren Eltern festgestellt haben.)

Aus dieser Fehlerhaftigkeit heraus haben unsere Eltern nicht immer das getan, was das Beste für uns gewesen wäre. Dazu kommt, dass Eltern ein Teil der jeweiligen Kultur sind. Nach deren Regeln bemühen sie sich, ihre Kinder richtig zu erziehen.

Einmal heißt es dann: Hungrige Babys sollen nur in einem mehrstündigen Rhythmus gestillt werden, auch wenn sie noch so sehr schreien. Sonst werden sie zu sehr verwöhnt. Und die Mütter, die das Beste für ihre Kinder wollen, halten sich daran. Wenn die Kultur vorschreibt, wie schon oben erwähnt, dass Kinder geprügelt werden müssen, damit sie gute Menschen werden, dann schlagen Eltern ihre Kinder. Und wenn die Ratgeber vermitteln, dass Kinder ihre eigenen Lösungen finden müssen, dann stellen Eltern schon Kleinstkinder vor schwierige Entscheidungen. Ja, wenn Eltern gegen solche Regeln aus Mitleid verstoßen, fühlen sie sich schuldig.

Gleichzeitig können Regeln nie der Einzigartigkeit von Kindern und Lebenssituationen vollständig gerecht werden. Wer sich als Vater oder Mutter stets an Regeln hält, und sei er noch so guten Willens, wird sein Kind verletzen. Denn er sieht in dem Moment nicht das Kind, sondern hat nur die Regel im Blick. Das Kind dient dann mehr als Objekt. Nicht gesehen zu werden als der einzigartige Mensch, der jeder von uns ist, verletzt auf einer tiefen Ebene.

Außerdem wecken Kinder bei den Eltern Erinnerungen an die eigene Kindheit. Dabei müssen diese Erinnerungen oft nicht deutlich und klar auftauchen. Es sind mehr Spuren, die in den Körperzellen abgespeichert sind und die dann zum Vorschein kommen. So mögen zum Beispiel bei einer Frau, die ein Kind auf die Welt bringt, Erinnerungen an die eigene schwere Geburt hochkommen.

Auf der Bühne im Vordergrund spielt sich die Gegenwart ab. Im Hintergrund steht eine zweite Bühne, auf der sich gleichzeitig ähnliche Szenen aus der Vergangenheit abspielen. Viele Reaktionen seitens der Eltern werden nicht von dem Vordergrund, sprich der Gegenwart, bestimmt, sondern von dem Stück aus der Vergangenheit. Damals waren sie selbst die Kinder und ihre Eltern, also aus heutiger Perspektive die Großeltern, erzogen sie.

Auch unsere Eltern spürten das Bedürfnis nach Liebe und Geborgenheit – so wie all die Generationen vor ihnen. Was unerfüllt blieb, schmerzt sie heftig. Dieser Schmerz ist wie eine Seite einer Münze. Wenn die Münze umgedreht wird, findet sich auf der anderen Seite die Sehnsucht. Je größer der Schmerz, den jemand trägt, desto größer die Sehnsucht. Die Sehnsucht treibt an, die damals nicht erhaltene Akzeptanz und Liebe zu finden.

Wenn sich jemand verliebt, dann ist dieses Gefühl da, endlich den Menschen gefunden zu haben, der einen ganz und gar liebt und akzeptiert. Das, was einst vermisst wurde, wird jetzt erhofft. Viele von Ihnen werden aus eigener Erfahrung wissen, dass diese Hoffnung enttäuscht wird. Diese Enttäuschung kann nicht ausbleiben, denn der Traum ist kindlich und unrealistisch.

Wenn ein junges Paar diese Hürde überwindet und zusammenbleibt, dann taucht oft der Wunsch nach einem Kind auf. Das ist zum einen der biologische Drang nach Fortpflanzung. Aber oft ist auch unterschwellig damit die Sehnsucht verbunden nach jemandem, der einen absolut liebt. Wieder geht es um die alten Wunden und das Verlangen nach Heilung, so als ob einem das eigene Kind die Liebe geben könnte, die einem die Eltern nicht gegeben haben.

Die Eltern sind dann bedürftig gegenüber dem Kind. Sie wollen seine Liebe und sein Verständnis. Nicht *sie* geben dem Kind Trost und Halt, es ist mehr so, dass das Kind ihnen Trost und Halt geben soll. Sie fühlen sich dann nicht wirklich groß und verantwortlich, sondern schieben diese Rolle dem Kind zu. Besonders leicht zu erkennen ist diese seelische Dynamik, wenn der Vater oder die Mutter selbst früh einen eigenen Elternteil verloren hat.

Da kann ein Kind noch ganz jung sein und schon beginnt dieses Spiel. Achten Sie doch einmal genau in Ihrer Umgebung auf die Art und Weise, wie Eltern mit ihren Kindern umgehen. Sind die Eltern dabei groß, sicher und stabil? Wann benehmen sie sich selbst eher wie Kinder, reagieren kindlich und trotzig, sind eingeschnappt und verletzt? Und vielleicht erinnern Sie sich auch an Situationen in Ihrer Kindheit, in denen Sie mehr Verantwortung übernehmen mussten, als es Ihrem Alter entsprochen hat.

So paradox das beim ersten Hören klingen mag: Auf diese Weise wird das eigene Kind ein Stück weit mit den eigenen Eltern verwechselt. Wenn Eltern so auf ihr Kind schauen, dann sehen sie ihr Kind nicht wirklich.

Die Verwechslung des eigenen Kindes mit den eigenen Eltern wird auch bei Wut und Gewalt besonders deutlich. Wenn ein Vater oder eine Mutter gegenüber dem Kind die Kontrolle verliert, »blind vor Wut« wird – wen sieht er oder sie da? Nimmt er oder sie in diesem Moment das eigene Kind als schwächeres und abhängiges Wesen wahr? Sieht er überhaupt irgendetwas oder irgendjemand? Woher kommt denn überhaupt die ganze Intensität der Wut?

Sie kommt aus den eigenen Erfahrungen, hilflos der Wut von jemand anderem ausgesetzt gewesen zu sein. Das können alle Menschen sein, die ein Kind verletzt haben. Aber meist sind es die Eltern. Denn mit Mutter und Vater machen die meisten Kinder die wichtigsten grundlegenden Erfahrungen. Aus Opfern werden später Täter. Was jemand erlitten hat, gibt er in der Regel – fast instinktiv und zwanghaft – weiter. In diesem Moment sieht der schlagende Vater nicht sein Kind, sondern fällt zurück in die Bilder der eigenen Vergangenheit. Er sieht dann in seinem Sohn nicht den trotzigen kleinen Jungen, sondern den eigenen wütenden Vater. Und der ganze Zorn, den er als Kind zurückhalten musste, bricht sich jetzt Bahn.

Diese Verwechslungen sind auch mit anderen Menschen aus der Vergangenheit möglich. Immer wenn jemand Vater und Mutter wichtig waren und der Verlust als heftig und schmerzhaft erlebt wurde, kann dieser Mensch später unbewusst in dem eigenen Kind ein Stück weit gesehen werden – ganz gleich, ob es sich um ein früh verstorbenes Geschwister handelt oder die erste Liebe, die unglücklich endete.

Um zum Ausgangspunkt zurückzukehren: Nicht wirklich gesehen zu werden als der einzigartige Mensch, der man ist, schmerzt auf einer ganz tiefen Ebene. Jemand fällt damit ins Nichts. Gegen die Intensität dieser Erfahrung von Hilflosigkeit und Ausgeliefertsein schützt ein innerer Mechanismus. Das Kind sucht die Ursache dafür in sich selbst. »Wenn mich meine Eltern nicht sehen und lieben, dann ist irgendetwas falsch an mir. Ich muss mich mehr anstrengen!« Es kann nicht an den Eltern liegen, es muss an mir selbst liegen!

Der gleiche Mechanismus manifestiert sich bei der Scheidung der Eltern: »Wäre ich braver gewesen, dann hätten sich meine Eltern nicht scheiden lassen. Ich bin schuld.« Oder der Vater bringt sich um – und das Kind fühlt sich schuldig, so als ob es das Kind in der Hand gehabt hätte, den Selbstmord zu verhindern.

Ein Kind, dem die Eltern nicht genug Liebe geben können, fühlt sich schlecht und wertlos. Damit kann es das Bild von guten Eltern aufrechterhalten, denn die sind ja nicht schuld an der Situation. Es behält die Hoffnung: Ich muss nur den richtigen Schlüssel zur Veränderung in mir finden. Dann sind meine Eltern glücklich und lieben mich. Dieser Traum tröstet das Kind und es muss sich nicht als hilfloser Spielball des Schicksals fühlen.

Mit den Augen des Erwachsenen entdecken Sie heute, dass ein Mangel an Liebe oder die Tatsache, dass Sie nicht wirklich gesehen wurden, nicht Ihre Schuld war. Es hatte nichts mit Ihnen zu tun. Ihre Eltern waren beschränkt und konnten Ihnen nicht mehr geben, als sie Ihnen gaben.

Sie müssen nicht anders sein und werden. Sie selbst waren und sind liebenswert, so wie Sie sind.

Schritt 5: Ich achte meine Mutter und meinen Vater

»Achtung« ist ein geheimnisvolles Wort. Die meisten von uns haben ein Gefühl dafür, was Achtung bedeutet, aber dieses Gefühl in Worte zu fassen, ist schwierig. Was kann es für jemanden bedeuten, die eigenen Eltern zu achten?

Achtung ist nicht das Gleiche wie Freundlichkeit oder Duldsamkeit. Anschaulich zeigt das die Verneigung, mit der sich in asiatischen Kampfsportarten zu Beginn eines Kampfes die Gegner grüßen. Die Kämpfer zeigen ihren Respekt voreinander und ihre Gleichwertigkeit. Wenn der Kampf beginnt, setzen sie alle Kraft ein, den anderen zu besiegen. Doch das ändert nichts an ihrer grundsätzlichen Ebenbürtigkeit.

Was ist das Gegenteil von »Achtung«? Verachtung mag der erste spontane Einfall sein. Aber Verachtung scheint mir als Gegenpol noch nicht genug. Wer achtet, sieht den Menschen. Wer verachtet, sieht ihn immer noch ein Stück weit. Erst dann bin ich am anderen Ende der Skala angelangt, wenn ich den anderen nicht mehr als Menschen wie mich, sondern nur noch als Objekt sehe. Achtung beinhaltet Verbindung. Ich erkenne im anderen den gleichwertigen Mitmenschen. Wer den anderen nur noch als Objekt wahrnimmt, hat diese Verbindung durchschnitten.

Achtung ist selbst im Krieg zwischen Feinden möglich. Der Gegner ist dann kein Ungeziefer, das vernichtet werden muss, sondern ein gleichwertiger Kämpfer. 1914 im Ersten Weltkrieg kam es zum »Weihnachtsfrieden«. Mindestens 100.000 Soldaten der an der Westfront kämpfenden Parteien nahmen an einem spontanen Waffenstillstand teil und feierten zusammen Weihnachten, hauptsächlich Briten und Deutsche. Aus dem Tagebuch eines englischen Soldaten: »Zwischen Schotten und Hunnen [englisches Schimpfwort für Deutsche] fand weitgehende Verbrüderung statt. Alle möglichen Andenken wurden ausgetauscht, Adressen gingen her- und hinüber, man zeigte sich Familienfotos usw.« Nach teilweise mehreren Tagen Frieden wurden nach einem Bataillonsbericht um 8.30 Uhr drei Schuss in die Luft gefeuert. Die Briten hissten eine Flagge mit der Aufschrift »Merry Christmas«. Auf der anderen Seite der Front erschien ein deutscher Hauptmann, der ein Tuch in die Höhe hielt, auf dem »Thank you« geschrieben stand. Beide salutierten und gingen in ihre Gräben zurück. Ein deutscher Soldat schoss zweimal in die Luft, danach war wieder Krieg.*

Inwiefern ist diese Überlieferung für das Verhältnis von Kindern zu ihren Eltern von Bedeutung? Hier treffen ja keine Gegner aufeinander, sondern Familienmitglieder!

Kinder sehen in den Eltern erst einmal ihre Liebes- und Nahrungsquelle, nicht den gleichwertigen Mitmenschen. Oft stehen im spontan gestellten Ausgangsbild von Familienaufstellungen die Kinder den Eltern zu nahe.

---

* Quelle: Wikipedia »Weihnachtsfrieden (Erster Weltkrieg)«

Wenn ich jemandem zu nahe bin – auch in einer Liebesbeziehung –, dann verhindern die eigenen Gefühle und Bedürfnisse aus der Vergangenheit den klaren Blick auf das Gegenüber. Es ist wie ein Nebel, wobei die Beteiligten selbst die Nebelwerfer sind.

Für das kleine Kind ist das angemessen und natürlich. Wenn ein Kind, das zu nahe ist, dann ein Stück weit zurückgeht, bis es einen guten, den »richtigen« Abstand gefunden hat, fühlt es sich zunächst einmal erleichtert. Es steht nicht mehr im Bannkreis der Bedürfnisse, sondern kann sich selbst mehr spüren und wahrnehmen. Der Erwachsene findet so zu einer neuen Haltung.

Die Voraussetzung für Achtung ist, dass ich das Gegenüber »sehe«. Ich schreibe das in Anführungszeichen, weil es um eine bestimmte Art des Sehens geht. Es ist eine Art neutraler Blick, anders als der von Sehnsucht, Wut oder Schuld verschleierte Blick. Es geht um ein »Erkennen«.

Solange Gefühle im Wege stehen, ist diese Art von Sehen nicht möglich. Fühlen verbindet. Wenn ein Kind sich gleich fühlt, die Spannungen und das Unglück der anderen teilt, dann ist es zugehörig. Die Augen hält es dabei geschlossen.

Sehen dagegen trennt. Wenn das Kind die Augen öffnet und Vater oder Mutter wirklich sieht, dann stehen da zwei andere Menschen mit ihrem eigenen Schicksal, ihren eigenen Wünschen und Enttäuschungen – und ihrem eigenen Tod. In der Tiefe wird kein Mensch einen anderen ganz kennen und verstehen können, etwas wird ihm immer fremd bleiben. Denn als Menschen sind und bleiben wir getrennt voneinander.

Trotz aller Fremdheit sind wir aber auch gleich. Menschen teilen das Grundlegende des Menschseins: die Geburt, das Hineinwachsen in eine Kultur, Sehnsüchte, Schmerzen, Ängste, glücklich sein und unglücklich sein und die Tatsache, dass wir alle sterben werden und darum wissen. Das ist wie eine geheimnisvolle Verbindung.

Wenn ein Kind Vater und Mutter wirklich sieht, dann ist das ein achtsamer Blick. Achtsamkeit ist der Achtung nahe verwandt. Alles darf so sein, wie es ist. Aber Achtung geht noch einen kleinen Schritt weiter, indem sie bewusst anerkennt: Du bist ein anderer und mir doch im Grunde gleich. Diese Verbundenheit würdige ich und gleichzeitig das Menschsein an sich.

Der angemessene körperliche Ausdruck dieser Achtung ist die Verneigung. Eine solche Geste des Körpers wirkt zurück auf die innere Haltung. Und umgekehrt. Beide – die innere Haltung und der körperliche Ausdruck – unterstützen sich auf diese Weise gegenseitig.

Wenn Kinder sich in Achtung vor ihren Eltern verneigen, dann nimmt die bisher unbewusste Verbindung zu ihnen neue Gestalt an. Sie geben die absolute Loyalität auf, die sie bislang dazu veranlasst hat, ihnen ähnlich sein zu wollen. Mit der Achtung lassen sie ihren Eltern ihr Schicksal und Leben im Guten wie im Schlimmen. Das, was die Eltern erlebt haben, gehört zu ihnen – ganz gleich, was sie erlebt haben.

Wer keine Achtung vor den Eltern hat, der steht bildlich gesehen vor ihnen und ruft ihnen zu: »Ich mache es besser als ihr. Ich weiß es besser und ich bin klüger als ihr.« Die natürliche Elternreaktion darauf – wer Kinder hat, weiß das – ist je nach Situation entweder liebevoll lächelnd oder zornig, verbunden mit dem Satz: »Du wirst schon sehen!« Aus einem solchen Satz fließen weder Ermutigung noch Unterstützung.

Anders ist es, wenn es uns gelingt, Respekt vor unseren Eltern zu haben. Eltern, die sich geachtet fühlen, können wohlwollend darauf schauen, wenn ihre Kinder mehr Erfolg haben als sie und ein besseres Leben führen. Sie können sich daran freuen – und das wiederum stärkt und ermuntert die Kinder. Ein Kind muss sich dann nicht mehr schuldig fühlen, sondern kann sich entspannt an seinem Erfolg freuen.

Damit steht ein Kind allein auf seinen eigenen Füßen, lebt sein Leben in der eigenen Verantwortung – und bleibt doch durch die Achtung mit seinen Eltern verbunden.

Schritt 6: Ich bin dankbar für das, was ich von Vater und Mutter erhalten habe

Durch die Eltern ist das Leben zu allen Kindern gekommen – auch zu denen, die gleich nach der Geburt zur Adoption freigegeben wurden. Über den Dank dafür spreche ich im letzten Schritt.

Doch die meisten Kinder haben weitaus mehr als das nackte Leben von ihren Eltern erhalten. Sie wurden von ihnen genährt, gekleidet und großgezogen. Ohne all die Mühen, diesen ganzen Einsatz der Eltern hätte keiner von ihnen überlebt.

Für kleine Kinder ist das natürlich. Sie erwarten diese Fürsorge und fordern sie ein. Ihr Organismus vermittelt ihnen, dass sie ein Recht darauf haben. Das Baby, das Hunger hat, schreit mörderisch, damit es endlich die Milch bekommt. Da gibt es kein Abwarten und Zögern, kein »Könntest du bitte vielleicht ...?«. Nein, da ist ein gewaltiger Schrei nach Leben, ein selbstverständlicher egoistischer Anspruch auf alles!

Die Bedürfnisse und Wünsche der Eltern müssen oder sollten zurücktreten hinter das momentane kindliche Verlangen. Im kleinen Kind gibt es keine Geduld und kein Verständnis für die Situation der Eltern.

Wechseln wir doch einmal die Perspektive! Für Eltern, die ihr erstes Kind bekommen, ändert sich von einem Tag auf den anderen die ganze Welt. Ihr Paarleben tritt erst einmal völlig in den Hintergrund. Plötzlich ist da ein hilfloses Wesen, das ganz und gar auf ihre Fürsorge angewiesen ist. In der ersten Zeit steht die Erfüllung seiner Bedürfnisse im Vordergrund, ob tagsüber oder mitten in der Nacht. Das Kind schreit und Mutter oder Vater kommen, füttern es, wickeln es, beruhigen es und suchen ihm das zu geben, was es gerade braucht. Die eigenen Wünsche und Ansprüche treten demgegenüber vollkommen zurück.

Wie diese Unterstützung aussieht, wandelt sich mit den Jahren. Sie reicht vom Trösten wegen eines aufgeschlagenen Knies über Ermutigung bei den Schularbeiten bis hin zur tatkräftigen Hilfe beim Umzug in die Studentenbude.

Neben dieser praktischen umfassenden Hilfe kosten Kinder auch enorm viel Geld. Das Statistische Bundesamt hat bis zur Volljährigkeit eines Kindes durschnittliche Kosten im Wert von 120.000 Euro errechnet. Dabei wenden Geringverdiener weniger als der Durchschnitt auf, gut verdienende Paare entsprechend mehr. Alleinerziehende geben nur geringfügig weniger aus.

Ihre Eltern hätten sich also einiges mehr gönnen können, wenn sie sie nicht großgezogen hätten. Da wären auch Luxusreisen mit dem Kreuzschiff in die Karibik möglich gewesen. Aber stattdessen haben sie dieses Geld für ihre Versorgung aufgewendet!

Erwachsene Kinder wissen das alles. Sie haben enorm viel von ihren Eltern ohne Weiteres bekommen und genommen. Aber haben sie ihnen schon jemals dafür gedankt, ja Dankbarkeit empfunden?

Oder ist es immer noch – ganz nach der ursprünglichen kindlichen Sicht – selbstverständlich? Sodass das Hauptaugenmerk dem gilt, was das Kind nicht bekommen hat, und den vielen Fehlern, die es den Eltern noch immer vorwirft. »Du hast damals nicht gesehen, was ich gebraucht hätte!« »Du warst immer so streng zu mir!« »Du hast mich nie in den Arm genommen!« Und so weiter und so weiter.

Es sind große Geschenke, die Ihnen Ihre Eltern zusätzlich nach der Geburt gegeben haben. All der Einsatz, die Zeit, die Energie und das Geld, die Sie gekostet haben! Als Erwachsener heute ist es Zeit, das zu sehen und zu schätzen.

Schritt 7: Ich danke Mutter und Vater für das Leben

»Mutter«, »Vater«, »Kind«, das sind die Etiketten, die eine ganz bestimmte elementare Beziehung zwischen Menschen beschreiben. Es geht dabei um reine Tatsachen, nicht um Gefühle. Denn jemand muss sich nicht als Mutter, Vater oder Kind fühlen – und ist es trotzdem, wenn die Fakten gegeben sind. Unsere Emotions- und Betroffenheitskultur schätzt manchmal Gefühle höher ein als Tatsachen. Doch damit verlieren wir den Boden.

Welche Fakten machen jemanden zur »Mutter«? Bis die moderne Reproduktionsmedizin zu wirken anfing, war das Wort klar und eindeutig. Eine Frau hatte sexuellen Verkehr mit einem Mann, dessen Samenzelle dann eine Eizelle befruchtete. Der Embryo wuchs im Bauch der Mutter heran und nach spätestens neun Monaten brachte diese Frau das Kind bei der Geburt auf die Welt. »Vater« war derjenige, dessen Sperma diese Eizelle befruchtet hatte.

Im Folgenden gehe ich zunächst auf diese »klassische« Form der Entstehung eines Kindes ein, denn liebe Leserin, lieber Leser, ich gehe davon aus, dass alle oder zumindest die meisten von Ihnen (noch) auf diese Art auf die Welt gekommen sind.

Der Dank für das uns geschenkte Leben ist etwas Grundlegendes und geschieht in Aufstellungen, so wie ich vorgehe, in einer fast rituellen Form. Ich verwende immer die gleichen Worte, die in meinen Augen das Wesentliche ausdrücken. Dieser Dank ist nichts »Persönliches«. Das Leben ist etwas, das jemand mit allen anderen Menschen teilt, und so sollte auch der Dank formuliert sein.

Die ersten Worte zur Mutter lauten:

»Du hast mich empfangen und dann neun Monate in deinem Bauch getragen und genährt.«

Die Empfängnis, die Verschmelzung von Ei- und Samenzelle, macht eine Frau zur »Mutter«. Danach gewinnt der Embryo alle Energie für sein Wachstum und seine Entwicklung aus dem Blut der Mutter und dessen Nährstoffen. Bis zur Geburt sind beide ein gemeinsamer Organismus.

»Und dann hast du mich geboren, mit dem Risiko, dabei zu sterben.«

Eine Geburt ist trotz aller modernen Medizin immer noch ein Risiko für Mutter und Kind, selbst in medizinisch hochentwickelten Ländern. Leben und Tod nähern sich bei einer Geburt.

Erwachsene Kinder übersehen die Schmerzen und das Risiko, das ihre Mutter durch die Geburt auf sich genommen hat!

Im Vergleich dazu ist Vaterschaft etwas Leichtes und Ungefährliches, ja distanziert zum Werden des Kindes. Der Satz, der das Vater-Sein ausdrückt, ist einfach:

»Du hast mich gezeugt.«

Aufgrund dieser unterschiedlichen Beteiligung an der Weitergabe des Lebens existiert ein grundsätzliches Ungleichgewicht zwischen Männern und

Frauen. Es ist kein Wunder, dass Kinder erst einmal mehr mit der Mutter verbunden sind.

Doch beide Eltern sind gleichermaßen wichtig und notwendig. Denn erst durch die Verschmelzung beider Erbanlagen ist ein neues einzigartiges und ihnen doch gleichzeitig ähnliches Lebewesen entstanden. Deshalb gelten die anschließenden Sätze in gleicher Weise für Vater und Mutter:

»Das Leben ist durch dich zu mir gekommen und das Leben ist das größte Geschenk. Und dafür danke ich dir.«

Ist das Leben wirklich ein Geschenk? Was, wenn jemand keine Dankbarkeit fürs Leben empfindet? Es als Last oder vielleicht sogar als Fluch empfindet? Lügen wir uns da nicht in die Tasche, wenn wir immer Dankbarkeit voraussetzen oder Dankbarkeit sogar als eine Pflicht fordern?

Vor einiger Zeit fand sich in einem GEO-Heft ein Bericht von Malte Henke*, in dem der Autor von einem jungen behinderten Israeli berichtet, der seine Eltern vor Gericht verklagt, weil sie ihn nicht abgetrieben hatten. Ist so etwas nicht ein Gegenbeweis?

Eigentlich ist eine solche Klage absurd. Mein erstes, rein praktisches Argument dagegen ist: Kein Mensch, der sein Leben nicht haben will, kann daran gehindert werden, freiwillig in den Tod zu gehen. Es gibt genug Selbstmörder. Niemand ist das Opfer eines Zwangs, lebendig zu sein.

---

* Henke, Malte: »Ein ungewolltes Leben«, GEO, 10/2012

Also muss es offensichtlich den Antrieb geben, am Leben zu bleiben – obwohl jemand leidet, klagt, jammert, sich beschwert, ja sogar, wie der junge Israeli, mit einer Klage vor Gericht zieht. Dieser Antrieb zum Leben mag manchmal wie ein Zwang erlebt werden, und doch versteckt sich dahinter etwas wie »Lebenslust«. Bei allem Schlimmen gibt das Leben den Menschen etwas. Lebendig zu sein ist ein Wert an sich. Manchmal braucht es eine wichtige Entwicklung, damit jemand mehr Lebensfreude entwickelt. Aber der Samen dazu ist in jedem angelegt.

Dass das möglich ist, zeigen gerade extreme Beispiele. Da gibt es die Website einer jungen Frau namens Anama Fronhoff*, die dort beschreibt, wie sie sich infolge eines Schlaganfalls im Jahr 2000 das erste Jahr nicht bewegen, ja nicht einmal schlucken konnte und wie sie heute ihr Leben führt.** Sie ist vom Genick ab völlig gelähmt und kann erst jetzt allmählich die Stimme wieder benutzen. Auf den Fotos auf ihrer Website strahlt sie!

Wer nicht für das Leben danken will, streckt – bildlich gesehen – die Nase nach oben. Er bleibt in einer Art sinnloser Trotz- und Verweigerungshaltung stecken. Dabei ist das Paradoxe daran, dass die Halsstarrigkeit ein Teil der eigenen Lebenskraft ist!

---

* www.lockedinsyndrom.de

** http://lockedinsyndrom.de/wordpress/wp-content/uploads/2010/02/Vortrag-Kommunikation-rehanova-20101.pdf

Manchmal ist es noch sinnvoll, dem Dank für das Leben einen Satz anzufügen. Und zwar dann, wenn jemand wenig über das Leben hinaus von seinen Eltern bekommen hat.

»Und was ich nicht von dir bekommen habe, nehme ich mit Dankbarkeit von anderen an.«

Auch wenn wir den Ursprung unseres Lebens in Vater und Mutter haben, so verdanken wir anderen Menschen ganz viel für unser Überleben und unser Wohlbefinden. Und auch das ist nichts Selbstverständliches, auf das wir einen Anspruch hätten.

Was ändert sich durch die Fortschritte der modernen Reproduktionsmedizin? Leben wird noch vielfältiger. Eine Frau kann als Leihmutter den Embryo einer anderen Frau austragen. Die »Leihmutter« ist nicht die Mutter, das ist die andere*. Sie leiht nur ihren Körper, damit sich das fremde Kind in ihr entwickeln kann. Sie bringt es dann auf die Welt, mit dem Risiko, dabei zu sterben. Das ist ein großer Dienst, den sie für das Kind tut, noch größer als der einer Adoptivmutter. Es ist weder selbstverständlich, noch hat ein Mensch einen Anspruch darauf. Deswegen verdient sie einen ganz besonderen zusätzlichen Dank. Und wenn die Eizelle von einer anderen Frau kommt, dann zählt diese als Mutter.

---

* In Deutschland ist auch heute noch jede Form der Leihmutterschaft gesetzlich verboten. Mehr dazu auf www.leihmutter.de/pages/gesetzliche-regelungen.php

Noch häufiger als Leihmütter gibt es die Samenspender. Unbekannte Männer geben ihr Sperma, damit daraus ein Kind entsteht. In den Anfängen herrschte die naive Vorstellung, das sei ein einfacher Weg für ein Paar, wenn der Mann keine Kinder zeugen kann. Dabei übernimmt ein solcher Samenspender – faktisch gesehen – die Rolle eines Liebhabers, der das Kind zeugt.

Erst nach und nach wurde deutlich, dass für ein Kind auch ein anonymer Samenspender als Vater wichtig ist. Inzwischen haben sogar deutsche Gerichte das Recht des Kindes zu wissen, wer der biologische Vater ist, anerkannt. Denn es existiert eine große Sehnsucht in jedem von uns, den Menschen – in diesem Fall den Vater – zu kennen, mit dessen Erbgut wir verbunden sind. Das zeigt sich immer wieder an der Energie, mit der Kinder, die aus der Samenspende eines unbekannten Vaters stammen, diesen Vater suchen. Er ist derjenige, dem ihr Dank gilt. Denn ihm – ganz gleich wie die konkreten Umstände waren – haben sie ihr Leben zu verdanken.

Mit dem Dank für das Leben liefert sich jemand etwas Größerem aus, Dank macht demütig. Das Leben in uns und um uns ist nichts, was wir wirklich verstehen und erfassen können. Da mag die Wissenschaft noch so sehr danach streben, es »in den Griff zu bekommen«. Es ist auch keine persönliche Leistung der Eltern. Es ist ein Wunder, dass der Mensch in diesem unvorstellbar riesigen Kosmos auf diesem kleinen Planeten lebendig ist.

Die 7 Schritte zusammengefasst

Schritt 1

Ich stehe zu meinen Verletzungen und meinem Schmerz aus der Vergangenheit. Ich äußere das Wesentliche – schlicht als Tatsache. Zum Beispiel:

- »Es steht noch zwischen uns, dass du damals …«
- »Es hat mich sehr verletzt, dass du damals …«
- »Ich werfe dir vor, dass du damals …«
- »Das war grausam, dass du damals …«

Schritt 2

Ich entdecke mehr von meiner Ähnlichkeit mit Vater und Mutter. Wichtig sind vor allem die Lasten, die ich mittrage, und das Unglück, dem ich treu bin.

Schritt 3

Ich schaue mit dem Blick des Erwachsenen auf Mutter und Vater. Das kleine Kind hat kein Verständnis für die Situation der Eltern. Das erwachsene Kind entdeckt den normalen Mitmenschen in seinen Eltern.

Schritt 4

Ich erkenne, dass mangelnde Liebe nichts mit mir persönlich zu tun hat. Nicht ich bin schlecht und schwierig zu lieben, sondern meine Eltern waren und sind begrenzt.

Schritt 5

Ich achte meine Mutter und meinen Vater. Mit dem neuen Blick entsteht Achtung für das, was die Eltern erlebt, mitgemacht und getragen haben. Eine Verneigung ist der Ausdruck dieser Achtung.

Schritt 6

Ich bin dankbar für das, was ich von Vater und Mutter erhalten habe. Eltern haben viele Opfer für ihre Kinder gebracht. Irgendwann ist es an der Zeit, das zu würdigen.

Schritt 7

Ich danke Mutter und Vater für das Leben. Wenn jemand wirklich für das Leben als Geschenk dankbar ist, dann schmelzen die bisherigen Klagen wie Schnee in der Sonne.

Hindernisse auf dem Weg zur Liebe beiseiteräumen

Sie kennen jetzt die Schritte, um inneren Frieden mit den Eltern zu finden. Ich lade Sie ein, diese Schritte mithilfe der CD tatsächlich zu gehen. Mit der Anleitung dort können Sie sich entspannt und bewusst auf diesen Weg machen.

Was aber, wenn trotz alledem die Liebe schwierig bleibt? Auch das kann geschehen: Sie suchen die Versöhnung. Sie wollen das tatsächlich. Aber Sie bemerken einen inneren Widerstand, der sich Ihnen in den Weg stellt und die erhofften positiven Gefühle blockiert.

Aus meiner Arbeit kenne ich drei Hindernisse, die manche von uns zu bewältigen haben. Eines hat mit der Geschichte der Beziehungen zwischen Männern und Frauen zu tun, ein anderes mit der Bindung an unsere Vorfahren. Das letzte Hindernis stammt aus traumatischen Erfahrungen im eigenen Leben.

Sich aus den Spannungen zwischen Vater und Mutter zurückziehen

Woher gewinnt ein Mensch Zugang zum eigenen Geschlecht? Nur über die Mitglieder des eigenen Geschlechts. Nur im Umgang mit dem gleichen Geschlecht kann jemand Gespür für sein eigenes Geschlecht entwickeln. Dabei findet das Mädchen den ersten Zugang zu seiner Weiblichkeit und dem Verständnis darüber, was Weiblichkeit bedeutet, durch den Kontakt mit der Mutter und den Großmüttern, dann auch mit allen anderen Frauen. Der Junge findet zu seiner Männlichkeit über die Verbindung mit dem Vater und den Großvätern sowie anderen Männern.

Soweit wir die Geschichte der Menschheit kennen, gibt es die klare Unterscheidung und auch die Trennung zwischen den Geschlechtern. Auch wenn heute jahrtausendalte Traditionen in vielen Teilen der Erde im Umbruch sind, wirkt diese Vergangenheit nach wie vor mit großer Kraft.

Da mag es (früher und auch heute noch oft genug) den Mann geben, der die Pascharolle für sich beansprucht, während die Frau sich in die Rolle der gehorsamen Dienerin fügt. Aber wer unterdrückt wird, entwickelt einen rebellischen Teil in sich. Dieser Teil mag sich sehr verstecken, aber er wird von einem berechtigten Zorn genährt, der sich auf irgendeine Weise auch nach außen Raum verschaffen wird. Sicher sehr heimlich und verborgen. Aber wahrscheinlich doch auch sehr nachdrücklich. So gehe ich davon aus, dass Frauen ihren Weg gefunden haben, diese Unterdrückung den Männern heimzuzahlen.

Eine weitere offene und spannende Frage ist: Wie wirken sich solche gesellschaftlichen und familiären Strukturen aus auf den Umgang und die Erziehung von Mädchen und von Jungen durch die Mutter?

Ich arbeite seit einigen Jahren mit Familienaufstellungen in Shanghai mit chinesischen Teilnehmerinnen und Teilnehmern. In China hat die Unterdrückung der Frau eine lange Geschichte und immer noch werden Jungen erheblich mehr geschätzt als Mädchen. Nach meinen Beobachtungen erschwert das auch heute noch Liebesbeziehungen der inzwischen Gleichberechtigten.

Männer haben früher ganz offen Frauen dominiert und geringer geachtet. Frauen haben sich dem unterworfen oder unterwerfen müssen. Diese alte Unterdrückung aus der Vergangenheit (und oft noch in der Gegenwart) hat auch heute noch Folgen für die Beziehung eines Paares und auch innerhalb einer Familie.

Denn Vergangenheit wirkt in Kindern weiter – nicht nur in China! Bildlich gesprochen stehen dabei im Rücken aller Männer die Männer früherer Generationen und genauso hinter den Frauen die Frauen vergangener Geschlechter. Und der kleine aktuelle Konflikt eines Paares kann sich zu einem Riesenstreit auswachsen, so als ob hinter dem Mann die lange Reihe der Männer steht und hinter der Frau die Reihe der Frauen. Es geht dann um

Täter und Opfer, um Schuld und um Verantwortung. Die alten Spannungen sind noch lange nicht aus der Welt!

In der Familie erreichen diese Spannungen die Kinder, wobei Konflikte eines Elternpaares ein Kind enorm belasten. Denn regelmäßig werden diese Auseinandersetzungen auch über die Kinder ausgetragen. Oft soll das Kind Partei ergreifen, *mein* Bundesgenosse werden und mich selbst mehr mögen als den anderen. Oder das Kind wird zum Tröster ernannt, zum Einzigen, der Papa und Mama wirklich versteht und liebt. So kommt es zu einer Nähe zu einem Elternteil, die dem Kind zwar schmeichelt, es aber belastet, überfordert, ja bisweilen fast erdrückt.

Besonders schlimm ist es, wenn es damit gleichzeitig zum Verbündeten gegen den anderen Elternteil gemacht wird. Wie kann das Kind nur die Partnerin / den Partner so abgöttisch lieben, wenn ich gerade selbst so sauer auf ihn bin?! Das darf nicht sein!

Bisweilen sieht dann der Vater in der Tochter nicht das Kind, sondern die Verbündete der Mutter und etwas von seinem Ärger auf die Ehefrau bekommt das Kind ab. Und genauso sieht umgekehrt die Mutter im Sohn nicht das Kind, sondern den Verbündeten des Vaters.

Das Kind liebt aber immer beide Eltern und so fühlt es sich gequält und zerrissen. Häufig schlägt es sich in solchen Situationen an der Oberfläche auf die Seite des einen, bleibt aber im Untergrund auch dem anderen gegenüber loyal, zum Beispiel durch ein bestimmtes Verhalten.

Da ist der Vater Alkoholiker, die Mutter hat sich von ihm getrennt, erzieht den gemeinsamen Sohn und schimpft immer noch auf ihren halt- und verantwortungslosen Exmann. Der Sohn stimmt ganz mit ihr überein, fängt dann aber in der Pubertät an, Drogen zu nehmen. So ist er an der Oberfläche der Mutter treu, durch die Drogen aber auch dem Vater.

Wenn Sie selbst Schwierigkeiten haben, mit Ihrem Vater oder Ihrer Mutter inneren Frieden zu schließen, dann überprüfen Sie doch, ob Sie insgeheim Bundesgenosse des jeweils anderen Elternteils waren oder immer noch sind. Sie können als Sohn keine Achtung vor Ihrem Vater finden und fühlen sich ihm insgeheim überlegen? Dann stehen Sie wahrscheinlich zu nahe bei Ihrer Mutter und fühlen sich dort gebunden. Das Gleiche gilt für die Tochter, die sich der Mutter überlegen fühlt. Sie steht wahrscheinlich dem Vater sehr nahe.

Erst wenn Sie sich von diesem besonderen Platz an der Seite eines Elternteils lösen, können Sie etwas von Ihrer Liebe zu dem bisher abgelehnten Elternteil zulassen. Diesen Ort zu verlassen, fällt manchmal recht schwer. Denn die besondere Rolle an der Seite gibt dem Kind Wichtigkeit. Es ist stolz darauf, so bedeutend zu sein. Zusätzlich geht es aber auch um die Not des unterstützten Elternteils. Denn wenn das Kind Vater oder Mutter nicht mehr unterstützt, dann stehen diese plötzlich allein. Und liebende Kinder wollen das nicht. Gleichzeitig merkt ein Kind, dass es trotz all seiner Bemühungen, den Platz auszufüllen, damit überfordert ist.

Um zur Ruhe zu kommen und Frieden zu finden, gilt es sich aus der Sonderrolle zurückzuziehen und wieder den Platz als Kind einzunehmen. Wie gelingt uns das?

Wir brauchen zunächst die Einsicht, dass wir in einem solchen Fall eher ein Spielball der Spannungen unserer Eltern waren, verwickelt in eine Beziehung, die uns als Kind nichts angeht. Die Paarbeziehung ist Sache der Eltern. Ihre Gefühle, seien es Ärger, Trauer oder Angst, gehören zu ihnen als Menschen und insgesamt zu ihrer Beziehung als Paar. Es ist nicht Sache des Kindes, sich einzumischen.

Das Bild für eine Lösung sieht folgendermaßen aus: Die Eltern stehen als Paar Seite an Seite, sind als Paar miteinander verbunden, ganz gleich, was aus ihrer Beziehung geworden ist. Sie als Kind stehen ihnen gegenüber mit Ihren Geschwistern an Ihrer Seite. Sie fühlen sich geborgen im Vertrauen darauf, dass die Eltern verantwortungsvoll alle Probleme lösen. So müssen Sie sich keine Sorgen mehr machen und können entspannen.

Verstrickungen mit Vorfahren in der Familie auflösen

»Verstrickungen« ist ein bildhaftes und aussagekräftiges Wort. Da ist jemand in Seile verwickelt, die ihn festhalten und behindern. Wer mit Vorfahren verstrickt ist, ist weit weg von dem Kontakt mit den eigenen Interessen. Er ist nicht ganz präsent in der Gegenwart, sondern wird bestimmt und geleitet von fremden Themen aus der Vergangenheit. Unser modernes Ideal ist die Vorstellung, dass jemand selbstbestimmt sein Leben lebt, das eigene Potenzial verwirklicht und die eigenen Wünsche in die Tat umsetzt. Verstrickung ist das Gegenteil davon!

Wie kommt es dazu? Eine zentrale Einsicht von Bert Hellinger war die Erkenntnis, dass Mitglieder einer Familie, die ausgeschlossen worden sind, ein oder zwei Generationen später durch ein Kind stellvertreten werden. Dieses Kind ist dann dieser ausgeschlossenen Person ähnlich, fühlt sich ähnlich, verhält sich ähnlich, ohne dass es weiß, warum.

Grund für den Ausschluss ist beispielsweise die Scham einer Familie über ein Mitglied. Jemand ist kriminell, geisteskrank, bringt – früher – ein uneheliches Kind zur Welt (noch vor einer Generation war das ein Grund zum Schämen) oder tut sonst etwas, was eine Familie als Schande empfunden hat.

Oder jemand hat etwas Schlimmes erlebt, was der Familie Angst macht. Beispielsweise stirbt jemand in jungen Jahren, vielleicht schon als Baby.

Da gibt es einen Onkel, der zur Schande der Familie wurde, weil er andere bestohlen und betrogen hatte. Keiner in der Familie wollte mehr mit ihm zu tun haben. Eine Generation später beginnt sein Neffe, während er noch zur Schule geht, andere zu bestehlen und zu betrügen. Kein Mensch versteht, warum. Auch später als Erwachsener ist er immer wieder unehrlich, selbst wenn er sich selbst damit sehr schadet. Erst in einer Therapie entdeckt er, dass er mit diesem Onkel sehr verbunden ist, obwohl er ihn nie persönlich kennengelernt hat. Ja, manchmal weiß ein Kind gar nichts von der Existenz dieser Person, weil in der Familie nicht über sie gesprochen wurde. Diese enge Verbindung mit einem Vorfahren macht es schwer, sich als Kind gegenüber den Eltern zu fühlen.

Aber auch andere Verbindungen können den Zugang zu den Eltern erschweren. Unheilvoll wirken sich die kollektiven Schocks und Traumata aus. Die Deutschen haben im Dritten Reich und im Zweiten Weltkrieg erlebt, was auch heute in manchen Teilen der Erde gerade geschieht: Krieg, Terror, Tod, Vertreibung und Flucht. In solchen Zeiten ist das Überleben das Allerwichtigste, alles andere muss demgegenüber zurückstehen. Weiche Gefühle werden tief verschlossen. Es ist zu gefährlich und schmerzhaft, sie zuzulassen und zu spüren. Etwas erstarrt durch diese schrecklichen Ereignisse in Menschen und es scheint fast unmöglich, zu der Empfindsamkeit zurückzufinden, die jemand früher – in glücklicheren Zeiten – einmal gespürt hat. Kinder erleben dann solche Erwachsene als unzugänglich.

Gleichzeitig existiert ein emotionales Mitschwingen der Kinder mit diesen Familienmitgliedern.

Da gab es einen Großvater oder eine Großmutter, die kaum erreichbar schien. Zu heftig war der Schrecken gewesen, die er oder sie mitgemacht hatte. Das kleine Enkelkind fühlt mit. Kleine Kinder haben eine ungeheuer große Fähigkeit zur Liebe. Ihr Herz ist noch nicht verschlossen, sondern noch ganz offen. Sie wollen die Vereinsamten und Ausgeschlossenen in der Familie nicht im Stich lassen. Aus dieser Zuneigung heraus übernehmen sie Gefühle. Die Großmutter verschließt ihr Herz – die Enkelin macht es ähnlich.

Das ist eine tiefe Form von Loyalität. Wenn du leidest, dann darf ich nicht wirklich glücklich sein. Ich will dich nicht verraten und allein lassen! Auch wenn diese Enkeltochter selber Mutter ist, trägt sie ein Stück weit das Schicksal der Großmutter weiter. Es ist schwer für sie, ihr Herz ganz dem eigenen Kind zu öffnen. Aus Treue zu der eigenen Großmutter schreckt sie davor zurück.

Wenn Ihnen beim Lesen dieser Abschnitt unerwartet Sinn macht, dann ist vielleicht auch für Sie ein Mensch aus der Vergangenheit Ihrer Familie neben den Eltern besonders wichtig. Solche Verbindungen können ganz überraschend auftauchen und es ist gut, dabei dem eigenen Instinkt zu vertrauen. Erlauben Sie sich die Vorstellung, dass da wirklich eine liebevolle Verbindung vorhanden ist.

Wenn Sie das Schicksal dieses Menschen achten, lösen Sie die unbewusste und blinde Verbindung. Zuvor waren Sie wie ein Stück weit besetzt von dem anderen Schicksal und das hat es Ihnen schwer gemacht, als Kind die Eltern zu sehen. Jetzt können Sie den Platz als Kind wieder einnehmen und sich an das Neue gewöhnen.

Erleiden extremer Verletzungen durch die Eltern: Wie Eltern ihr Recht verspielen

Immer wieder machen Kinder zwischendurch auch schlimme Erfahrungen mit ihren Eltern. Häufig war in früheren Generationen das Verhalten von Eltern weit gewalttätiger als in unseren Tagen, ja bisweilen grausam. Heute ändern sich generelle Einstellungen. Ohrfeigen sind verpönt, die früher selbstverständliche »Tracht Prügel« gilt als verbotene Gewalt.

Aber es wäre illusorisch anzunehmen, dass im 21. Jahrhundert Kinder nicht mehr körperlich verletzt werden. Eltern geraten in Rage und verlieren in ihrer Wut die Kontrolle. Das wird vermutlich auch in Zukunft nicht ganz vermeidbar sein. Erlittene Gewalt wird ein Bestandteil der menschlichen Entwicklung bleiben.

Im Folgenden geht es nicht um das gerade beschriebene Phänomen einer unerwünschten, aber stattfindenden »Normalität«, sondern um extreme Gewalttätigkeiten vonseiten der Eltern. Dazu zählen alle absichtlichen Verhaltensweisen, die lebensgefährlich sind, zum Beispiel wenn ein Elternteil ein Kind umzubringen versucht. Ein solcher Tötungsversuch liegt auch dann vor, wenn ein Vater oder eine Mutter ihr Kind in den eigenen Selbstmord mitnehmen will und den Plan beginnt auszuführen. Faktisch ist das Verhalten mörderisch – ganz gleich, in welcher Situation sich der Betreffende befunden hat, ganz gleich, wie die vorgebrachten Rechtfertigungen lauten. (Ein früherer Abtreibungsversuch genügt allerdings nicht, damit das Band zerstört wird.)

Auch Strafen können in diesen Bereich fallen. Aber nicht solche, die immer noch extrem strenge und übertriebene Erziehungsmaßnahmen sind, sondern Strafen, die eher Züge von Folter haben. Der Vater oder die Mutter leben ihren Sadismus aus und benutzen ihr Kind als Opfer.

Bei vielen Tieren kümmern sich die Eltern oder die Mutter nach der Geburt erst einmal um die Jungen. Sie nähren sie, passen auf, dass ihnen nichts passiert, ja verteidigen sie gegen Feinde. Hundemütter säugen die jungen Welpen, Küken flüchten sich unter den Flügel der Mutter und die Elefanten verteidigen ein Junges gegen hungrige Löwen.

Das ist ein natürliches Band, das auch die Menschen kennen. Wenn ein Kind in Gefahr ist, dann sucht es instinktiv Sicherheit bei seinen Eltern. Sie sind sein Schutz. Wenn Eltern sich brutal gegenüber ihren Kindern verhalten, dann zerbricht oder zerreißt dieses ursprüngliche Band. Danach kann ein Kind nicht mehr unbefangen seine Eltern als Beschützer erleben. Sein »Urvertrauen« ist zerstört worden.

Schließlich zerreißt dieses Band auch, wenn Eltern ein Kind »leichtfertig« (so hat es Bert Hellinger genannt) zur Adoption geben. Leichtfertig ist eine Adoption, die ohne wirkliche Not oder die nicht aus Sorge für das Wohlergehen des Kindes erfolgt, sondern weil den Eltern oder der Mutter ein Kind einfach unbequem ist.

Umgekehrt kann auch ein Kind das Band zerstören, wenn es versucht, seine Eltern zu töten, oder sie schwer misshandelt.

Solche Fakten haben Wirkungen. Nicht alles kann geheilt und wiedergutgemacht werden!

Wie wirkt sich das aus? Im Inneren lebt oft noch die Sehnsucht nach dieser ursprünglichen Verbindung. Wenn jemand dann aber anerkennt, dass diese Sehnsucht nie gestillt werden kann, weil etwas Grundlegendes verloren gegangen ist und auch nicht wieder zurückgebracht werden kann, dann befreit das. Ein unerfüllbarer Traum kann losgelassen werden.

Denn es existiert bei Kindern ebenso wie bei Eltern im eigenen Herzen ein verborgenes Wissen, dass solche schlimmen Taten Folgen haben. Die Konsequenzen entziehen sich den eigenen Absichten und Wünschen. Wer versucht, aus einem moralischen Gebot heraus zu verzeihen und zu vergeben, tut sich und dem Gegenüber nichts Gutes. Ehrlicher und heilsamer ist es dann, den Tatsachen Rechnung zu tragen und sich abzuwenden – ohne Verzeihung. Vielleicht kommt sie irgendwann dann von allein. Aber das ist eher eine Gnade. Und selbst die nachträgliche Vergebung ändert nichts an dem Riss.

Was heißt das konkret im Alltag? In einem meiner Seminare war eine Teilnehmerin ein Adoptivkind. Bei ihrer Aufstellung zeigte sich, dass dieses besondere Band zur leiblichen Mutter zerstört war, weil diese ohne wirkliche Not ihr Kind zur Adoption gegeben hatte. Alle Beteiligten empfanden dabei diese Anerkennung als erleichternd, sowohl die Tochter wie die Stellvertreterin der Mutter.

Ein paar Monate später berichtete mir die Teilnehmerin von ihren Erfahrungen nach der Aufstellung. Sie hatte ein paar Jahre zuvor ihre leibliche Mutter wiedergefunden und seitdem regelmäßigen Kontakt mit ihr. Die erste Begegnung mit ihr nach dem Seminar war, so berichtete sie, wie eine Erlösung. Immer noch hatte sie bisher nach einem bestimmten Gefühl, nach einer besonderen Innigkeit zu ihrer Mutter gesucht. Diese Hoffnung und Erwartung waren nun überraschenderweise verschwunden. Stattdessen konnte sie in ihrer Mutter einfach einen Mitmenschen sehen, mit dem sie sehr verbunden war.

Wenn Sie selbst also in Ihrer Vergangenheit mit Ihren Eltern solche gerade beschriebenen extremen schlimmen Erfahrungen gemacht haben, dann kann dadurch dieses kindliche »Urvertrauen« vernichtet worden sein. Womöglich erleichtert Sie jetzt dieser Gedanke, dass Ihre Eltern mit ihrem Handeln ihr Recht als Eltern verspielt haben. Das kann ein Indiz dafür sein, dass das bei Ihnen stimmig ist. Dann ist es befreiend, diese Tatsache zu akzeptieren und anzunehmen. Sie können aufhören, einem alten Traum vergeblich nachzulaufen.

Vermutlich nutzt es wenig, dieses Thema durch Nachdenken lösen zu wollen. Vielmehr ist eine innere Zustimmung und Bejahung wichtig. Das kann auch ein längerer Prozess sein, der durch schlimme und schmerzhafte

Erinnerungen führen mag. Hilfreich ist es, wenn Sie sich dafür fachmännische Begleitung suchen.

Trotzdem können Sie alle beschriebenen 7 Schritte gehen, um inneren Frieden mit Ihren Eltern zu schließen. Jeder einzelne Aspekt ist wichtig, insbesondere zum Schluss der Dank für das Leben. Denn auch wenn ein Vater oder eine Mutter grausam und lieblos waren, das Leben ist durch sie zum Kind gekommen. Da gab es Schlimmes und Schreckliches. Aber dieser Dank gebührt auch diesen Eltern.

Die Liebe des erwachsenen Kindes

Wenn Sie den Gedanken dieses Buchs und den Übungen auf der CD gefolgt sind, dann hat Sie dieser Weg oft in die Vergangenheit geführt. Dabei sind Sie den Eltern Ihrer Kindheit und auch sich selbst noch einmal als Kind begegnet.

Es gehört zur Natur des Menschseins, auch durch Verwundungen und Schmerzen hindurchzugehen. Der Bewusstseinsforscher Stanislav Grof beschäftigt sich seit vielen Jahrzehnten mit dem menschlichen Bewusstsein. Er hat eine Atemtechnik entwickelt, die ganz frühe Erinnerungen, die bis zur Geburt reichen, wieder an die Oberfläche bringt. Aufgrund der Berichte vieler seiner Klienten hat er festgestellt, dass ein Kind schon im Geburtsprozess elementare Schichten der menschlichen Geschichte mit Fantasien von Gewalt und Krieg wiedererlebt und dass Schmerzen und Todesangst ein Teil dieses Prozesses sind.

All das, was Sie mit Ihren Eltern erlebt haben, ist zum einen Ihre persönliche Geschichte und zum anderen gleichzeitig auch etwas Unpersönliches. Was Sie erlebt haben, gehört zum Menschsein. Sie teilen die meisten Ihrer Erfahrungen mit allen anderen Menschen. Als Kind war Ihnen das nicht klar. Als Erwachsener heute darf Ihnen das bewusst werden.

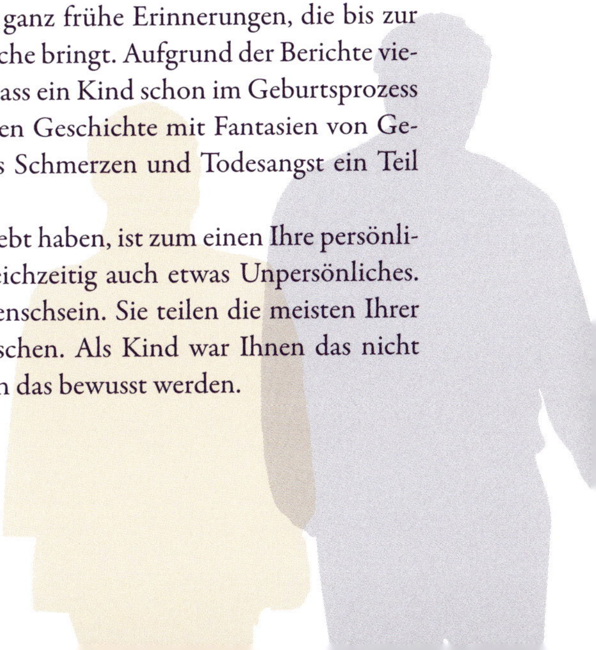

Wie gehe ich mit den neuen Einsichten um?

Meine spontane Antwort: Bitte vorsichtig und behutsam! An dem folgenden – hoffentlich übertriebenen – Beispiel sehen Sie, dass die Gedanken und Sätze, die Sie genutzt haben, zuallererst dem eigenen inneren Wachstum dienen.

Stellen Sie sich vor, da hat jemand bei einer Übung auf der CD die heilsame Wirkung der Achtung vor den Eltern erfahren. Begeistert fährt er am darauffolgenden Wochenende zu Besuch zu seinen Eltern. Nach dem Nachmittagskaffee erklärt er seiner Mutter, dass er ihr etwas Wichtiges zu sagen habe. Dann stellt er sich vor die Mutter und fängt feierlich an: »Mama, du hast mich neun Monate in deinem Bauch getragen und dann auf die Welt gebracht, mit dem Risiko, dabei zu sterben.« Auch der fassungslose Blick der Mutter hält ihn nicht davon ab, mit dem Dank fürs Leben fortzufahren. Schließlich endet er mit einer tiefen einminütigen Verneigung. Die nächste Stunde braucht er, seiner verstörten Mutter klarzumachen, dass er nicht verrückt geworden ist …

In dem Buch und mit der CD geht es um neue innere Haltungen! Die Sätze, die ich Ihnen vorschlage, sind nicht als Sätze für eine Begegnung im Alltag gedacht. Sie sollen Ihr eigenes Herz in der Tiefe berühren.

Dabei zeigt die Erfahrung: Wenn Sie anders als bisher empfinden, müssen Sie nichts ausdrücklich tun, damit andere Ihre Veränderung bemerken. Je weniger Sie aktiv tun wollen, desto stimmiger zeigen sich Veränderungen. Vielleicht in einem verständnisvolleren Ton, vielleicht in einem freundlichen Lächeln, vielleicht in einer kleinen Berührung. Ihr Vater oder Ihre Mutter nimmt das wahr und reagiert ohne großes Nachdenken oder Gespräch darauf. Lassen Sie sich überraschen!

Und wenn Sie Rückfälle in alte Gereiztheit erleben, seien Sie freundlich und verständnisvoll mit sich selbst. Es braucht Zeit und Geduld, alte und eingefahrene Gleise zu verlassen.

Wenn die Eltern alt werden

Ein Thema, mit dem die meisten Kinder sich irgendwann befassen müssen, ist das Altern ihrer Eltern. Eine immer wieder auftauchende Frage dabei ist: Was ändert sich dadurch im Verhältnis zueinander? Gerade wenn die alten Eltern irgendwann ganz auf ein Kind angewiesen sind – kehrt sich dann nicht die ursprüngliche Abhängigkeit um? Sind dann nicht die Kinder die Gebenden – und die Eltern die Bedürftigen?

Sinnvoll ist es, zwei Ebenen in der Beziehung zu unterscheiden. Die eine ist die praktische Ebene, bei der ein Kind womöglich vollständig die Verantwortung für die pflegebedürftige Mutter, für den dementen Vater übernehmen muss. Auf dieser Ebene ist das Kind gefragt als Erwachsener, der in eigener Verantwortung die notwendigen Entscheidungen zu treffen hat. Da ist kein kleines Kind, das den vielleicht verwirrten Eltern in ihren Wünschen zu gehorchen hat. Nein, der Erwachsene tut das nach seiner Auffassung Beste.

Auf der anderen Ebene bleibt auch dieser Erwachsene trotzdem das Kind seiner Eltern. Nur jetzt ist die Gelegenheit oder die Notwendigkeit gekommen, etwas zurückzugeben. Da geht es nicht darum, dass ein Kind seine neue Macht genießt und seinen Eltern etwas Unerledigtes heimzahlt.

Respekt und Achtung sind dabei die grundsätzlichen Haltungen. Je mehr ein Mensch seine Liebe und Dankbarkeit gefunden hat, desto einfacher ist es für ihn, diese neue Rolle als sorgendes Kind der alten Eltern auszufüllen.

Anhang

Literaturverzeichnis

Fronhoff, Anama: http://lockedinsyndrom.de/?cat=5, http://lockedin-syndrom.de/wordpress/wp-content/uploads/2010/02/Vortrag-Kommunikation-rehanova-20101.pdf

Grof, Stanislav: *Kosmos und Psyche. An den Grenzen menschlichen Bewusstseins,* Fischer Taschenbuchverlag 2000

Henke, Malte: »Ein ungewolltes Leben«, GEO, 10/2012

Schwartz, Richard C.: *IFS – Das System der Inneren Familie. Ein Weg zu mehr Selbstführung,* Books on Demand 2008

Literaturempfehlungen

Im vorliegenden Buch begegnen Ihnen viele meiner früheren Aussagen komprimiert zum Verhältnis Kinder – Eltern. Ausführlicheres über weitere Zusammenhänge in Familien finden Sie in:

Ulsamer, Bertold: *Ohne Wurzeln keine Flügel. Die systemische Therapie von Bert Hellinger,* Goldmann Verlag, 25. Aufl. 2012
(Ein Grundlagen- und Einführungsbuch in die Familienaufstellungen, über 200.000 Mal verkauft und in viele Sprachen übersetzt.)

Ulsamer, Bertold: *Wie Sie alte Wunden allein heilen und neue Kraft schöpfen. Familienaufstellung ohne Stellvertreter. Ein Selbsthilfebuch mit CD,* Kösel-Verlag, 4. Aufl. 2013
(Enthält zusätzliche Anregungen und Übungen.)

Ulsamer, Gabriele & Bertold: *Spielregeln des Familienlebens. Ordnungen der Liebe zwischen Eltern und Kindern,* Herder Verlag 2006
(Hier wird das Verhältnis zu den Kindern aus der Warte der Eltern betrachtet. Was ist erforderlich, um Kindern Halt und Sicherheit zu geben?)

Ulsamer, Bertold: *Spielregeln für Paare. Einsichten in die Partnerschaftsdynamik mit dem Familien-Stellen nach Bert Hellinger,* Goldmann Verlag 2003
(Eltern können dann gut ihre Rolle ausfüllen, wenn sie gleichzeitig für sich als Paar sorgen.)

Ulsamer, Bertold: *Der Apfel-Faktor. Wie die Familie, aus der wir kommen, beruflichen Erfolg beeinflusst,* Kösel-Verlag 2009
(Schwierigkeiten mit Autoritäten, Selbstsabotage des beruflichen Erfolgs, Stress und Burnout sind oft mit unserer Rolle als Kind gegenüber unseren Eltern verknüpft.)

Darüber hinaus empfehle ich zwei grundlegende Bücher:

Weber, Gunthard (Hg.): *Zweierlei Glück. Das Familienstellen Bert Hellingers,* Carl-Auer Verlag, 16. Aufl. 2010
(Das Standardwerk als umfassende Einführung in die Philosophie und Praxis Bert Hellingers.)

Hellinger, Bert / ten Hövel, Gabriele: *Anerkennen, was ist. Gespräche über Verstrickung und Lösung,* Arkana Verlag 2006
(Bert Hellinger wird hier eingehend zum Hintergrund seiner Arbeit und zu seinen Einstellungen befragt – nach wie vor sehr lesenswert!)

Weitere Empfehlungen

Familienaufstellungen von erfahrenen Leitern und Leiterinnen können uns sehr darin unterstützen, die Liebe zu den Eltern wiederzuentdecken. Vertrauen Sie dabei auf Ihr eigenes Gefühl, mit wem Sie gern arbeiten wollen und wo Sie sich gut aufgehoben fühlen.

Eine Liste qualifizierter Aufsteller und Aufstellerinnen finden Sie auf der Website der Deutschen Gesellschaft für Systemaufstellungen:
www.familienaufstellung.org

Die Gesellschaft gibt zweimal pro Jahr die Zeitschrift *Praxis der Systemaufstellung* heraus.

Der Autor

© Chris Stock-Müller

Dr. Bertold Ulsamer ist promovierter Jurist und Diplom-Psychologe. Er arbeitete zunächst als Psychotherapeut, spezialisierte sich dann auf NLP und war damit 15 Jahre als Managementtrainer tätig. Danach verlegte er sich ab 1995 auf die Aufstellungsarbeit. Zusätzlich nahm er an einer Ausbildung in Traumatherapie bei Peter Levine teil. Sein Schwerpunkt sind internationale Fortbildungen in Aufstellungsarbeit. Im Management arbeitet er als Berater, Coach und Trainer. Er lebt in Freiburg im Breisgau und ist Autor von 24 Büchern zu den Themen Kommunikation, Selbstmanagement und Aufstellungsarbeit, von denen es Übersetzungen in bisher neun Sprachen gibt.

Dr. Bertold Ulsamer
Gresserstr. 24
79102 Freiburg
Tel.: 07 61 / 70 64 18
E-Mail: bertold.ulsamer@t-online.de
Website zur Aufstellungsarbeit: www.ulsamer.com
Website für die Tätigkeit in Unternehmen:
www.ulsamer-unternehmensberatung.de